大风命流

刘骏评传

明轩公子 著

当代世界出版社
THE CONTEMPORARY WORLD PRESS

图书在版编目（CIP）数据

天命风流：刘骏评传 / 明轩公子著. —北京：当代世界出版社，2018.3
ISBN 978-7-5090-1338-0

Ⅰ.①天… Ⅱ.①明… Ⅲ.①刘骏—评传 Ⅳ.①K827

中国版本图书馆CIP数据核字（2018）第015340号

书　　名：	天命风流：刘骏评传
出版发行：	当代世界出版社
地　　址：	北京市复兴路4号（100860）
网　　址：	http://www.worldpress.org.cn
编务电话：	（010）83908456
发行电话：	（010）83908409
	（010）83908455
	（010）83908377
	（010）83908423（邮购）
	（010）83908410（传真）
经　　销：	全国新华书店
印　　刷：	北京盛彩捷印刷有限公司
开　　本：	710毫米×1000毫米　1/16
印　　张：	16
字　　数：	211千字
版　　次：	2018年3月第1版
印　　次：	2018年3月第1次
书　　号：	ISBN 978-7-5090-1338-0
定　　价：	46.00元

如发现印装质量问题，请与承印厂联系调换。
版权所有，翻印必究；未经许可，不得转载！

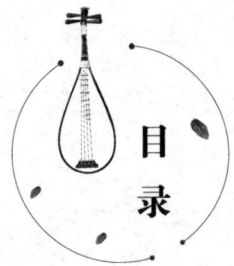

目录

001 引子

003 第一章 喋血的皇权

017 第二章 北方的入侵

063 第三章 夺来的帝位

113 第四章 六叔的图谋

143 第五章 攘外与安内

175 第六章 盛世,还是末世

211 第七章 别了,孝武皇帝

219 后记

225 附录一 骑行天下

231 附录二 骑行天下

237 附录三 扒一扒历史上震惊后世的九大『谶言』

243 附录四 南北朝时期几次战略格局的变化

眼儿媚·忆元嘉

回望中原万里沙，孤鹊落枯桠。

长江北去，关中河洛，尽皆胡马。

何人可作狼居胥，轻战憾元嘉。

故井残败，此处一应，俱是人家。

江南的烟雨蒙蒙，潜藏着多少国恨家仇，却又温婉动人。繁华流逝，只剩下一丝惆怅留与后人。

两汉风云，唐宋遗韵，明清小史，皆能留存在史家或文学家的字里行间；而恰逢其间的乱世南朝，却往往被人遗忘，更因时代久远，成为今天国人的记忆空白。

所谓南朝，是和北朝同时代的，俗称南北朝并立。一般来说，是从刘裕受禅登基开始的，接下来有齐、梁、陈三朝偏居南方，最后被北面的隋文帝征服实现南北统一，历时一百七十年。

由于种种因素的影响，大家对南北朝的印象停留在苻坚淝水之战的失利和孝文帝改革，数百年的两晋南北朝被匆匆带过。但在五胡乱华的最黑暗时期，南朝顽强地守护着汉文明，使得中国历史没有如罗马帝国般走上不归路。

南朝的记忆是混乱的，也是绚烂的，政治和军事上的失意伴随着文化上的多姿多彩。也许很多人不知南朝具体是指哪个时代，却一定知道祖冲之，更知道鸡鸣寺后的那口胭脂井；也许没人知道刘宋政治的血腥与动荡，却一定知道辛弃疾的那首《永遇乐·京口北固山怀古》：斜阳草树，寻常巷陌，人道寄奴曾住。想当年，金戈铁马，气吞万里如虎。

那么，最初睥睨北国、雄踞东南的刘宋帝国是如何一步步崩塌，成为只能令后世偏安东南一隅的金粉南朝？我们所要揭示的，正是刘宋王朝转折时期的那段历史。

他是刘宋王朝的第五任君主。其祖父是曾率领雄师北伐鲸吞半个北中国的雄主，并最终受禅立国，创下雄极一时的刘宋帝国。其父励精图治，开创了南朝唯一一个太平治世——元嘉之治，是中国历史上拥有半壁江山的帝王中成就最高的。然而，自此之后，南朝却在没落的道路上越走越远。本文的主角身处历史转折时期，在位时究竟施行了哪些举措，改变了整个刘宋乃至南朝的历史？

第一章

喋血的皇权

文帝三子

宋文帝元嘉七年（公元430年），建康城皇宫内，宋文帝刘义隆迎来其第三子的诞生。出于对这位新生皇子的期许，刘义隆为其赐名休龙，希望这个孩子未来能成为刘宋帝国的栋梁。

当然，从后世的记载来看，刘休龙一名早已湮没于史海，我们记得更多的则是这个孩子的另一个名字——刘骏。这个叫刘骏的小男孩便是日后的孝武帝，刘宋皇朝的第五位皇帝。表面上，刘义隆对这个孩子很疼爱，但相较他的大哥二哥，刘骏绝对可以说是被父皇时常忽视的皇子。刘义隆长子刘劭是袁皇后所生，出生不久便被立为太子；而次子刘浚的生母则是刘义隆最宠爱的潘淑仪。相较之下，刘骏生母路惠男出身低微，又不能长期笼络住刘义隆的心，母子二人同被淡忘也在情理之中。

此外，刘骏出生的年月也真不赶巧。他出生这年，北方虏主拓跋焘大举发兵征讨胡夏，夺取安定、平凉、长安、临晋、武功等地，占据关中，胡夏至此名存实亡。面对自己在北方的盟友被打得只剩下一口气，刘义隆当然心有不甘。元嘉八年（公元431年），刘义隆委派到彦之为将，发起即位以来的第一次北伐，意图夺回宋少帝刘义符时代被北魏侵夺的河南之地。谁知到彦之误判了敌军兵力，加之自身眼疾突发，南方步兵不擅长在北方平原作战，导致此次北伐反攻滑台受挫，铩羽而归。刘义隆闻讯勃然大怒，将到彦之下了大牢。可想而知，流年不利的刘义隆对在此节骨眼上出生的小刘骏自然不会抱有太多好感。

虽然不被父皇关注，小刘骏仍在少年时代表现出了他的不凡，史载其"少聪颖，又长于骑射"。元嘉十二年（公元435年），年仅五岁的刘骏便被刘义隆封为武陵王，不久就坐镇地方了。

恰恰在刘骏出镇地方的那几年，刘宋王朝内部发生了一场皇室倾轧事件。该事情开了个坏头，以至于后来刘骏乃至整个刘宋王朝都没能走出手足相残的怪圈。也许，恰恰因为这件事对刘骏幼小的心灵造成了创伤，改变了他对这个家族乃至国家的认知，也改变了他日后执政的方方面面。

那么，这个事件究竟是如何发生的？要揭晓谜底，我们还得从该事件的两个主人公说起——宋文帝刘义隆和时任"相王"的刘义康。如果将刘义隆在位三十年的统治时间划分一下，基本可以划分为三段：

第一段是从宋文帝即位起到檀道济被诛杀，这是宋少帝时代顾命四大臣掌权转化为宋文帝剪除前朝老臣自己开始掌权的过渡期。第二段则是从檀道济被杀到元嘉十八年（公元441年），即"相王"刘义康的专权时代。而第三段则是元嘉十八年到元嘉三十年（公元453年），刘义隆真正确立至高无上统治权的时代。

那么，这个刘义康究竟有何才干，又何以成为一个划时代的人物？刘义康是宋武帝刘裕的第四子，刘义隆在世的几个弟弟里最年长的一位。史书称刘义康非常干练，见过之人皆过目不忘，对下级上呈的文书"莫不精尽"。尤其在元嘉十年左右，刘义隆生了一场大病，已准备料理后事了，朝中大事尽归刘义康处理。史载义康："既专总朝权，事决自己，生杀大事，以录命断之。凡所陈奏，入无不可，方伯以下，并委义康授用，由是朝野辐辏，势倾天下。义康亦自强不息，无有懈倦。府门每旦常有数百乘车，虽复位卑人微，皆被引接。又聪识过人，一闻必记，常所暂遇，终生不忘，稠人广席，每标所忆以示聪明，人物益以此推服之。"

而檀道济被杀事件也恰恰发生在刘义康专权的这段时间里，"枉杀檀江州"的真相现今已变得扑朔迷离，罪首究竟是刘义隆还是刘义康，檀道济该不该杀，也一直存在较大争议。平心而论，除了这件事，刘义康秉政还是有利于"元嘉之治"的营造的。毫不夸张地说，刘义隆能取得瞩目的政绩，其弟刘义康功不可没。刘义康专权时间从元嘉十年（公元433年）到元嘉十九年（公元442年），近十年之久，占据了宋文帝统治时期的三分之一。在这漫长的岁月里，刘义康的相权代替了皇权。

"相王"义康(上)

在皇权独尊的封建社会,任何威胁到皇权的政治力量都将被清除。因此,刘义康的地位就显得很尴尬。

有一件事引发了宋文帝对刘义康的戒心。一次,病中的宋文帝品尝柑橘,觉得口味不佳,便感慨今年柑橘不如往年。哪知,一旁的刘义康却说今年的柑橘有甜美可口的,并让下人去自己府中取来,拿来的柑橘个个比进贡宋文帝的还大三寸。相王这么做,在他自己看来是出于兄弟情深,想给皇兄吃好的,可宋文帝来看却完全相反:好东西都给你相王了,那朕这个天子往哪里搁?

这仅是一件小事,只不过是四弟追求物质享受。宋文帝不会小题大做,为此事翻脸。莫说是他做不到,连后世不如他的梁武帝在面对贪婪成性的六弟的数十间金库时,也不过一笑置之。

但后来发生的一件事却彻底撕碎了维系兄弟感情的纽带。事件起由是殷景仁和刘湛之间的党派倾轧。有人的地方就有江湖,有朝堂的地方必然也有党争。刘宋王朝是由一些寒门谋士联合北府军佬一同建立起来的,相较之前世家大族轮流坐庄的东晋是有很大不同的。毕竟下层人士刚刚走上政治舞台,阶级力量尚薄弱,在政治博弈中,他们还要受到东晋遗留下来的那批世家大族的打压,士族和庶族的争斗贯穿了刘宋王朝的始终,成为一场场宫廷政变的内因。而这次党争的两位主角——刘湛和殷景仁,则恰恰代表了这两股势力。刘湛出身较低,属于寒门庶族;殷景仁虽比不得王谢那样的一流门阀,其家族在东晋也算是阔过,出了殷浩、殷仲堪等国之重臣。

宋文帝在使用这两位大臣的时候表现得很纠结,一方面要重用寒门打压世家大族，另一方面前朝少帝殷鉴不远：武帝留下的四个顾命大臣有三位出自寒门，而他们居然堂而皇之地搞了一次政变。宋文帝尽自己最大的可能平分了两人的权力，让他们一同参与朝政决策。可这看似公平的分配仍旧引来刘湛的不满，觉得自己还是分少了。于是，心怀不满的刘湛处处给殷景仁使绊子，甚至动用刺客，欲杀死殷景仁。宋文帝觉察此事后，只得派人严密保护殷景仁。而刘湛还不知足，想把斗争扩大化。

相王刘义康从内心来说是很排斥世家大族的，从一件小事便可窥端倪。当时，丹阳尹袁豹的儿子袁淑前去拜会刘义康，为显示自己的才学，当刘义康询问自己年龄时便说道："邓仲华拜衮之岁（东汉邓禹二十四岁被封大司徒，仲华为其字）。"刘义康听完蒙了，完全不知对方在说什么，于是坦言道："我不知道是几岁啊！"哪知袁淑卖弄上瘾了，又来了句："陆机入洛之年（陆机二十四岁名动洛阳）。"刘义康依然没听懂，发火了："说人话！我不读书，你小子少在我面前拽文！"袁淑吓坏了，连忙老老实实说自己二十四岁。早这么说不就成了，非要整个"甄嬛体"。虽然刘义康碍于袁淑父亲的面子，任命其为司徒祭酒，不过对于袁淑的卖弄，他还是很不爽的。刘义康瞧不起世家大族的卖弄，是出于对自己文化素养不高的自卑，还是出于自傲，我们不得而知。不过可以想象，从底层爬上来的宋武帝刘裕的儿子辈，对世家大族始终怀有一种戒备和敌意，本质上是不可能与之打成一片的。当然，纨绔子弟刘义真是儿子辈中绝无仅有的特例。

如今，刘湛的拉拢，对刘义康来说可谓正中下怀。除了与生俱来对世家大族的敌意，更多的是对权力的执着。刘义康痴迷权力，而且到了走火入魔的地步。当初，他就是为争权而整死了武将檀道济。后来，他变本加厉，凡是能力强的人都纳入自己的幕府中，却将那些无能或自己不满意的人荐入朝廷为官，不难让人猜到他在暗中培植自己的势力。府中配备了六千余名仆从，他也不报告。仗着兄弟情深，很多事情上他都是"率心迳行，曾无猜防"。

假使说他是皇帝，还则罢了，无非是第二个秦始皇，可他毕竟不是皇帝啊！刘湛的拉拢无异于在把自己送上死路的同时又将刘义康送上死路，因为此刻的斗争不再单纯是他和殷景仁的党派倾轧，而是上升为皇权与相权的终极斗争。

宋文帝那头呢？起先，文帝刚刚登上帝位的时候，考虑到自己的几个孩子都还小，为了抗衡"三大臣"只能团结自己的弟弟们，而年龄最长的刘义康成了首选。随着时间流逝，文帝开始悄无声息地削减刘义康的权力，任命殷景仁和刘湛也是其中一环。

这边刘义康和刘湛一搭上线就开始排挤殷景仁，如此做法自然引来宋文帝的不满。可还没等文帝开始出台应对措施，刘义康这边又有人作死。

这次搞事的人叫刘斌，南阳人，刘湛的同族，时任司徒长史。当初宋文帝病危时，他就和王履、刘敬文、孔胤秀等人密谋，一旦文帝驾崩，即废掉当时年幼的太子刘劭，扶持相王刘义康登基。为此，他们还特地私下到尚书议郎索取东晋成帝去世后弟弟康帝继位时的旧档案。对这件事，刘义康倒并不知情。

可这回刘斌却打定主意要搞个大新闻。他撺掇刘义康为自己谋取丹阳尹一职。这样的要职宋文帝怎么可能答应？他启用何尚之为丹阳尹，而将吴郡太守给了刘斌。虽然吴郡太守也是个肥缺，可级别却相差很多，恰巧不久后会稽太守羊玄保请求内调回京，于是刘义康再次请求将会稽太守一职给刘斌。对比一下，傻子都知道选哪个好。当然，宋文帝也不糊涂，重新任用王鸿接任会稽太守一职。

当时间轴转到元嘉十六年（公元439年），宋文帝刘义隆和相王刘义康的权力大战正式拉开序幕。自那时起，宋文帝再也没有驾临相王府院。

"相王"义康（下）

在宋文帝下定决心清除相王一党后，为麻痹对手，他首先将丹阳尹一职如愿以偿地给了刘义康集团，当然，给的是刘湛，而不是刘斌。看似刘义康集团得了便宜，其实宋文帝又暗自摆了刘湛一道，原先刘湛的领军将军被拿下了。也就是说，宋文帝假意示好的同时，解除了刘湛在中央的一切军务。而前丹阳尹何尚之则被安排去搞祭祀活动了，而他闲来无事，索性开始在建康城郊收徒教书，"南学"由此而起。

同时，在地方上发生了一件大事。宋文帝亲自下旨将湘州与荆州分离，让七弟刘义季取代曾经主宰荆州命运八年的临川王刘义庆，成为新一任荆州刺史。

荆州这个地方，在整个东晋时期发挥的作用非常微妙。由于其版图相当之大，民众繁多，物资丰富，长期以来一直成为威胁中央的军事存在。王敦、陶侃、桓温、桓冲、刘毅……莫不如是。为了控制好该地，东晋乃至后来的南朝曾多次将荆州分割为荆州和湘州两处。可这样一来，控制荆州的权臣自然不愿意，分离后的荆州会时不时再次合并。

其实，宋武帝刘裕就曾有过明言：荆州一地乃天下所重，能做此地长史的必须是皇室至亲。临川王刘义庆虽然才德兼备，是刘宋宗族目前最拿得出手的人物，但他毕竟只是刘裕的侄子，而非儿子。

本来这个职位在刘义康、刘义恭先后入辅中央后，该由宋文帝六弟刘义宣接替，但这个老六的资质实在太过平庸，只好暂由宗室刘义庆接管。如今，老七刘义季也到了坐镇地方的年纪，接管此地理所应当。由于这件事发生的时间太过微妙，恰是宋文帝准备对相王动手的节骨眼，所以后来引发了刘义庆的惶恐。

在调动地方高官的浪潮中，宋文帝也在紧锣密鼓培植自己诸子的力量。截至元嘉十六年（公元439年），宋文帝膝下有九子，但年纪在十岁以上的也仅有太子刘劭、始兴王刘濬和武陵王刘骏三人。于是，文帝任命次子刘濬为南豫州刺史，镇守历阳；以三子武陵王刘骏为湘州刺史，同时册封四子刘铄为南平王，也就是我们在文章开头提到的那一幕。

等到元嘉十七年（公元440年），刘湛母亲去世。此后刘湛变得疯疯癫癫，还将自己的女儿全部溺死。在常人看来，刘湛疯癫的背后，其实是他早已嗅出宋文帝浓浓的杀机。他明白，经过一年的精心布置，宋文帝准备下手了！

宋文帝准刘湛回家守丧，顺带解除了他的一切职务。同年十月，宋文帝突然下诏刘义康入宫，后者入宫后旋即被软禁。同一天，卧病在床多年的殷景仁突然神采奕奕地吩咐家人准备朝服要入宫。

当夜，殷景仁和宋文帝会晤，临危受命，负责抓捕刘义康一党的骨干分子。首先，刘义康集团的二号人物刘湛就被从家中抓进大牢。抓捕当时，刘湛还大骂："你们干什么？你们这是在乱国，知道吗！"

抓捕的人也不多啰唆，直接在狱中传达了宋文帝的诏书，后将其就地正法。同时被杀的还有刘湛的三个儿子。那个喜欢搞事情的刘斌很快也被禁军将领沈庆之在吴郡逮捕，就地正法了。在短短的时间里，刘义康一党被诛杀殆尽，主宰刘宋帝国长达十余年的"刘义康时代"终结了。

刘义康倒台容易，可余波并未散去，许多大人物都不可避免地受到牵连。首先是宋文帝的外甥徐湛之。虽说是外甥，但只比文帝小三岁。其母是刘裕的长女会稽公主刘兴弟。种种原因，会稽公主大了宋文帝兄弟们几乎一辈人的年纪，而刘裕也最为宠她。这里需要解释一下。刘裕子女中唯此长女是嫡出，其他都是庶出，包括宋少帝、宋文帝两兄弟虽然先后为帝，但他们的生母都不过是一介偏妃。可见其在皇室的分量如何了。刘兴弟夫君死得早，唯一的儿子自然得保住。于是，她急匆匆找到宋文帝，一见面就将宋武帝刘裕当年微贱之时穿的衲衣扔在刘义隆面前，哭喊道："你家本来非常贫贱，这是我母亲为你父亲缝制的衲衣。现在，你家刚吃上口饱饭，就要来杀我儿子么？"到底是"嫁出去的女儿泼出去的水"，"你家""我家"分得清清楚楚了。对这位老姐，宋文帝又敬又怕，听完后也跟着大哭起来。宋文帝不但赦免了徐湛之的死罪，还委任他为太子詹事、侍中。因母亲的缘故，徐湛之非但没受到波及，反而从之前刘义康的心腹一跃成为宋文帝的心腹，完成了一次超越自我的华丽转身。直到他死的那天都未能再改变。

因"刘义康事件"改变命运的，并非徐湛之一个。

紧接着，第二个关键人物——殷景仁的命运也被改变了，准确地说，应该是被终结了。殷景仁接替刘义康扬州刺史一职，身体却每况愈下。由于长年神经衰弱，体力不支，就职当天，他居然问起身边人："今年男子娶妻多，还是女子出嫁多？"仅在刘湛死后不到两个月，殷景仁也莫名其妙死了。

第三个关键人物就是我们之前提到的临川王刘义庆。由于刘义季顶包的时间恰恰就在那个微妙期，事后刘义庆越想越不对，怀疑宋文帝会否将自己划归刘义康一党。出于明哲保身的顾虑，刘义庆开始退居二线，对政事也不似之前那样上心了，倒是利用闲暇时间，召集文学雅士一同编纂了一部奇书——《世说新语》。对于这本书的价值和地位，熟悉六朝的读者想必都不会陌生，在此不做赘述。

国乱自始

接下来，我们再将目光聚焦到这次事件的核心人物——相王刘义康身上，等待他的最终判决会是什么呢？

作为皇室子弟，又曾是德高望重的相王，杀是杀不得的，对此宋文帝心知肚明。他私下派人去探视被软禁的相王，传达了希望他主动请辞之意。刘义康如梦初醒，上表辞去一切职务，随后不敢逗留京师，准备坐船离开建康城前往江州。

登船之后，刘义康回身远望烟雨迷蒙下的建康城。多年前，他为帮助哥哥，毅然决然放弃坐镇一方的机会，只身挑起"相王"一职，这座城见证了他的辉煌，也镌刻下他的落寞。他想不通，自己像忠犬一般为皇兄效力，到头来竟如丧家之犬惨遭驱逐。走入船舱后，他轻声问身边的慧琳师傅："弟子还能等到回京的那一天么？"慧琳半晌无言，只留下一句话："相王此刻真应悔恨自己当年不读书啊！"是的，刘义康不喜读书，看不懂袁淑的故意卖弄，自然也参不透古往今来功高震主者的殒命劫数。

刘义康没看透，有人却帮他看透了。一个来自千里之外的解职人员扶令育亲自前往皇宫，上表面圣道："前汉，文帝与弟弟淮南王刘长生隙，刘长被贬谪，袁盎曾劝谏说'淮南王刘长如果在流放的途中死去，陛下将落下杀弟的恶名'。文帝没有采纳，刘长果然死去，文帝追悔莫及。陛下即位以来，四处选拔贤才，何况彭城王刘义康是先帝的爱子、陛下的弟弟，陛下却弃之不用，天下都为陛下感到痛心。

"即使彭城王有什么过错，也该趁此机会让他分辨善恶，指引他走上正道，为何要听信传言而将其废黜！庐陵王刘义真的往事就是前车之鉴。臣虽一介草民，若彭城王一旦在南方故去，也深为陛下感到羞耻……请求陛下将彭城王召回京师，兄弟和睦，则天下不再怨恨，不必非要恢复其司徒、扬州牧的职务啊！臣下所言如果对国家不利，请求陛下杀了我。"

扶令育为国之心相当感人，所陈之言也很是诚恳，宋文帝却只听进去一句，即最后那一句。扶令育最终被打入大牢，在狱中被正法了。

刘义康没有回来，而宋文帝对已经被贬为江州刺史的弟弟仍不放心。他委派征虏司马萧斌领豫章太守一职，实际上，江州大小事情都由这位豫章太守全权处理。另外，宋文帝又派龙骧将军萧承之领军驻防豫章，警惕刘义康的异动。

刘义康明白此刻自己这个江州刺史已然成了光杆司令，甚有自知之明的他于次年上表辞去江州刺史一职。宋文帝答应得很爽快，改任其为都督江州、交州、广州三州诸军事。江州刺史一职由庾登之接替。

熟悉六朝历史的读者都知道，都督某某诸军事只是个添头，少去了"刺史"便什么都不是。此刻的刘义康再无任何权力可言。那么，刘义康是否可以松口气，认为皇兄对其杀心已灭？宋文帝之举骗得过刘义康，甚至骗得过朝廷，唯独骗不过自己的长姐——会稽公主刘兴弟。作为过来人，她已看惯太多宫廷政变，生死即在一瞬间。一次，文帝与长姐聚会，公主趁其乐融融之际突然离席，走到文帝面前行跪拜大礼，痛哭流涕。宋文帝吓坏了，深知长姐一般不哭，一哭必是大事。第一次哭是丧夫之时，第二次哭则是前番救子心切，这次哭又是因为什么呢？宋文帝连忙搀起长姐好生安慰，刘兴弟则老泪纵横道："车子（刘义康的小名）年老了，日后恐怕不为陛下所容，我这个做姐姐的特地求你饶他一命。"注意，刘兴弟说话很有技巧，当初是"你家""我家"，现在又是"姐姐""陛下"，看似拉远关系，其实触动了文帝内心最脆弱的那根神经。

宋文帝听后也即刻号啕大哭，想起当初惨死的大哥、二哥，自己病重期间刘义康的兢兢业业。于是，他走到殿内另一侧，打开窗户，指着窗外隐约的蒋山说道："我指蒋山立誓，如有朝一日违背长姐所托，便是有负初宁陵（宋武帝刘裕的陵寝）！"当即，他下令将宴会上的美酒封存起来，派人赏赐给江州的刘义康，并送去书信道："会稽姐姐饮宴之时思念弟弟，现将所余美酒封送于你品尝。"

刘兴弟这招有用么？短期来看，还是起了一定效果。直到元嘉二十一年（公元444年）她去世前，刘义康都安然无恙。可最终宋文帝仍是杀死了刘义康。宋文帝失信于长姐，辜负了高祖，也失信于天下，最终落得被儿子杀死的下场，也不无讽刺。

有人说，刘宋王朝乃至整个南朝皇室的骨肉相残是从刘劭弑父开始的。其实不然，当宋文帝向弟弟举起屠刀那一刻，南朝的命运业已注定。

刘义康时代结束了，但对刘宋王朝的影响却是巨大且深远的。首先，刘宋王朝兄弟内部开始渐生嫌隙，众兄弟团结一致对抗顾命大臣的时代一去不复返。实事求是地讲，刘义康对宋文帝并无恶意，一直为国事操劳，可说是忠心耿耿。刘义康的不幸遭遇，不仅让剩下的几个弟弟对宋文帝这个三哥心生芥蒂，就连堂兄刘义庆也开始疏远文帝，这是宗室内讧的先兆。

其次，朝臣之间的团结和积极进取之心消失了。刘湛结党营私，虽有重罪，可他并非蒙蔽皇上、陷害忠良的奸臣，不过是贪权。而现在呢？真正想干事、积极进取的人死了，剩下的都是些人浮于事、浑噩度日的庸人。"各家自扫门前雪"成了刘宋王朝官僚集团的真实写照，再也回不到当初团结一致的局面了。

而最关键的一点是，通过此次事件，无论是高门世族，还是寒门庶族，其表现都让刘宋统治者大失所望。高门步步钻营，寒门贪权躁进，都给宋文帝敲响了一记警钟。往后，刘宋历任君主甚少在高门和寒门中不断摇摆，转而将权力下放给皇亲,从而引发了一场又一场的皇室内讧。

之所以把刘义康事件说得这么详细,是因为该事件对少年刘骏世界观的影响是刻骨的。如果宋文帝没有对刘义康赶尽杀绝,或许日后孝武帝刘骏的双手也不必沾满太多亲人的血液。

刘湛被捕前说过:"你们这是在乱国!"确实,他言之无误,刘宋王朝的动乱从那时起就已经开始了。

第二章

北方的入侵

南国内忧(上)

刘义康一党被踢出朝堂后,宋文帝对朝野内外做了新的调整,地方上基本呈现"刘宋宗室星罗棋布担任刺史"的奇特现象。

这批人主要有荆州刺史刘义季、南徐州刺史刘义宣、南兖州刺史刘义庆、南豫州刺史刘骏、江州刺史庾登之、湘州刺史刘铄、徐兖二州刺史臧质、青冀二州刺史杜骥、豫州刺史刘遵考、雍州刺史刘道产、梁州南秦州刺史刘真道。

值得注意的是,这一年,刘骏及其四弟刘铄都成了坐镇一方的刺史,而刘骏才十一岁,刘铄则刚满十岁。出于这个原因,刺史职位是遥领,刘骏本人还在石头城内熟悉军务。然而,此时国内外大环境催促着这批刘宋皇少需要尽快成长起来,因为这段时间内北方正有条不紊地推进统一大业。

曾经兴起于草原、崛起于代北(指北魏)的索虏,自打在中原扎根后,便开启了统一北国的计划。北魏第三位君主拓跋焘在位期间,版图更是急剧扩张。刘义康时代结束后,刘宋和北魏围绕仇池地区展开了长达数年的争夺。在元嘉二十二年(公元445年),双方握手言和。原仇池地区被一分为二,十分之九的版图为魏军占领,刘宋册封的武都王杨文德只能在刘宋益、梁两州之间和仇池部分领土上建立流亡政府。

这时,北方已经完成统一,而刘宋王朝内部却再次出现内讧,这一次搞事儿的是山越。"山越"狭义上特指江东、江南一带东吴腹地内的少数民族——越族,而广义来说则包括湖南、湖北、江西、福建等整个南中国范围内的百越。

众所周知,南方开发得晚。早先,南方少数民族的人口数量是远大于汉族的,我们将这些少数民族统称为"越族"。秦始皇统一中国后,开始征伐百越，使得庞大的越人被分割成大大小小的部落，分散于南方。但秦汉两朝的核心统治区域还在北方，对被分割在广大南方区域的山越并无心征讨。东汉末年，孙氏割据江东后，为了能够和北方抗衡，必须保证江东内部的稳定和充足的兵源。对那些时不时出来捣乱的山越肯定是要打压了，而且为了北伐曹魏，那些山越也必须充作兵源。更重要的是，经过与山越的交战，许多江东将领发觉这是提升部队战斗力、搜刮财富的好办法。面对东吴的死命围剿，山越的数量和破坏力大大降低。东晋时期，迁居江东后再次面对和东吴一样的境况。但东晋政权从建立之初就处在持续的动荡之中，别说北伐中原了，就连内部矛盾都处理不好，更遑论清理山越了。于是，解决山越问题落到刘宋王朝的头上。

凭借刘宋王朝强大的凝聚力和国力，终将困扰南方千余年的山越问题彻底解决了。山越问题的解决表明，自那以后，在整个南方，少数民族和汉族的冲突几乎消除，这具有划时代的意义。要知道，在北方，少数民族和汉族的矛盾依旧持续了上千年。

仅凭这一点，我们足以将宋文帝刘义隆称为"千古一帝"，并非因他的"元嘉之治"带来南国经济的腾飞，而是其正确的做法弭平了汉越之间的民族矛盾，这点即使孝文帝的汉化政策都没能做到。而刘义隆仅用了二三十年，就做成了很多王朝连续几代帝王都未能做成的事情。

刘义隆讨平山越的战役中，最为辉煌的一系列战役是由其第三子即后来的孝武帝刘骏，率领沈庆之、宗悫、柳元景等干将取得的。

元嘉二十二年（公元 445 年）初，宋文帝任命十六岁的武陵王刘骏为宁蛮校尉、雍州刺史，镇守襄阳。这是刘骏第一次出镇地方，再也不用待在石头城学习军务了。襄阳是南北对峙时期的一座著名的边镇，是南人阻挡北方势力南犯的要冲，也是南人想要收复的前哨。但自东晋偏安江左以来的一百多年间，尚未有任何一位皇子镇守过襄阳，刘骏有幸成了百年来第一位出镇襄阳的皇族。

东晋以来,南方除汉族外,最大的民族就是山越,他们从长江中上游地区向东向北扩展。而刘骏所在封地武陵的山越叫作"五溪蛮"。各部蛮人分别由蛮王统帅,多者几千户甚至上万户,少者也有几百户,在地域上他们并不相连,语言也不一致。宜都、天门、巴东、建平及长江以北诸郡的蛮人都居于深山重阻之中,人迹罕至。

朝廷为使蛮人纳租服役,先后在蛮人地区设立数十个郡县,规定蛮人归顺者一户只需交纳谷物数斛,其余无杂调,比汉民的负担要轻得多,这也诱使相邻地区的汉民有时为逃避重赋而逃入蛮人地区。当天灾人祸发生或地方官吏治民不力的时候,这些蛮人,尤其一些力量较强大的蛮族部落,往往会在蛮王的指挥下进攻汉人的城邑,抢掠商旅和汉民的财物。他们又立场动摇,时南时北,摇摆于刘宋和拓跋魏之间以获取更大利益。

前任雍州刺史刘道产治理雍州期间采取怀柔政策,使得居住在深山中的山越纷纷走出山谷,在平原附近安居,在给地方增加户口的同时也造成了极大麻烦。出山后的山越暴露出野蛮凶性,开始大规模骚扰汉民。

起初,宋文帝派遣归来英雄朱修之为征西司马前去征讨,但朱修之铩羽而归。愤怒之下的宋文帝将朱修之打入大牢。而后,建威将军沈庆之代替朱修之成为征讨山越的领军人物。沈庆之孤军深入,大败沔水流域诸蛮,俘获七千余人。

南国内忧（中）

当得知武陵王刘骏前往襄阳赴任的消息后，山越再次集结兵力，沿途骚扰，意图给这个皇三子一个下马威。哪知这位刚满十六的武陵王意气风发，下令随郡太守（今湖北随州）柳元景负责清理路上阻碍他赴任的山越。

柳元景也是一位将才。尽管此时他缺衣少粮的，仍从郡县守备不多的卫队里挑选出五百勇士埋伏在驿道边。夜间，见蛮人出来举火急攻，蛮人不知官军多少，惊扰践踏、跳水溺死者达千余人。官军趁夜色鼓噪追击，又砍杀数百人。清扫掉这些不听话的山越，刘骏重整旗鼓前往襄阳。

刘骏成功到达襄阳后，考虑到这些山越平素为祸一方，既破坏了地方经济的正常发展，又或许会成为未来南北大战时掣肘南方的麻烦。于是，刘骏上书宋文帝，请求斩草除根。上书得到宋文帝的首肯，很快以沈庆之为主帅，中兵参军王玄谟、随军太守柳元景，外加司空参军宗悫组成的讨越联军驻扎到沔水流域，总兵力达两万。而后，诸将兵分八路，开足火力绞杀山越。沈庆之和柳元景的能耐自不必介绍，参与到此次战役中的两名新将，王玄谟战力稍差一些，宗悫则是难得一见的猛将。我们熟悉的成语"乘风破浪"就与宗悫有关。前番时日，他还出征林邑国（今越南南部），打了一场漂亮的国际战役，差点灭了林邑国。

遇上这群精英，那帮山越只能是死得很有节奏感了。败北的山越凭借地形优势居高临下，在山上对官军进行阻击。沈庆之在察看地形后对诸将说："若依旧法必败。去年风调雨顺，诸蛮丰收储备丰足，要靠围困一时难以奏效，那只能使官军受损。如今一改成法，各率所领到山上扎营，这样出其不意，诸蛮必定惊恐；趁其惊乱，可不战而胜！"

于是，诸路军砍山开道，但不与蛮人交锋，只顾摇旗呐喊，以乱蛮人军心。看到官军同样占据山险，蛮人见优势已不复存在，并且担心自己被困在山上，纷纷溃散四逃。这样，自冬至春，官军有了蛮人丢弃在山上的粮食，省却了驿道的运输成本。

不久，原已归顺的南新郡（治所在今湖北房县）蛮帅田彦生带领六千余人反叛，围攻郡县。沈庆之派遣柳元景率领五千人急救。柳元景的军队还没有到达，郡城已经被攻破；蛮人纵火焚烧，仓库及庙舍都化为灰烬，随后又驱逼城内吏民屯居附近白杨山。柳元景率军追至山下，把山包围成几重。宗悫率领将士先登，众军奋力急攻，大破蛮兵，威镇诸山。群蛮这才叩头请降。

沈庆之患有头风病，常戴着狐皮帽。群蛮看见他的狐皮帽就害怕，称他"苍头公"。看到他的军队，蛮人都会惊叫："苍头公又来了！"攻破了田彦生的蛮军，沈庆之就率军从茹丘山到达桧城，又大败诸蛮，斩三千首级，俘虏蛮民两万八千余人，招降蛮民两万五千余人，收缴牛马七百余头，粮食九万余斛。武陵王在白楚建了纳降、受俘两城来安置蛮民。此后，只有幸诸山的犬羊蛮屡屡寇扰，沈庆之又率领众军前往讨伐。

官军在山下依险要处筑营，营中开门相通。沈庆之又命令诸军只在营中打井取水，这样就可防蛮兵下山烧营。一天，蛮兵趁着大风在夜间下山，人人手举火炬准备烧营——官兵营房多为幔布及草屋。蛮兵刚点燃，官兵就随即浇灭。同时，官军又多用弓弩夹射蛮兵，蛮兵不能抵挡，于是四散奔逃。后因山高路险，夏雨正盛，不得已，沈庆之就下令建六处营垒在山下戍守。蛮兵被困日久，粮食匮乏，纷纷下山归降。这样，官军又俘获数万人。

前后俘获的数万蛮民，沈庆之在请示朝廷后，把他们都迁往京都建康作为营户——俘房的民户配置各地，归军队管辖。

就这样，利用迁移同化的方式，刘宋在很短的时间内将山越这个群体彻底消化掉了。与之相比，北魏拓跋焘采取融合其他民族的措施要明显野蛮、血腥得多。那么，他依靠的是什么措施呢？暂且不表，后面会提到。

武陵王刘骏通过这次讨伐山越战役，在雍州地界树立了自己的权威，也为其日后争取政治资本积累了民心。而沈庆之、宗悫、柳元景、王玄谟等人也都在即将到来的南北大战时一显身手。继檀道济死后，刘宋王朝新一拨军界之星也正式走向前台了。

但此时，刘宋王朝内部再次发生了一起事件，牵动了宋文帝的神经，也把刘义康往死路上又推了一把，更让一代史学才子范晔丢了性命。

刘义康被废后，范晔被宋文帝提进中央。此人最出名的一件事是他撰写了前四史（《史记》《汉书》《后汉书》《三国志》）之一的《后汉书》。当然，没人能想到这么一个前途无量的史学大家居然头脑发热去搞政治，最后还把自己搞死了。

元嘉二十一年（公元444年）正月，临川王刘义庆病逝。同年八月，长公主刘兴弟也死了。刘宋宗室最有分量的两位长者先后离世无疑让被废的刘义康心里更加惶恐和紧张。同年，宋文帝让七弟刘义季顶替之前刘义庆的职位，将六弟刘义宣安排到了荆州。同时，宋文帝另外两个儿子，第五子刘绍、第六子刘诞分别担任江州刺史和南徐州刺史。面对刘宋王朝的人事大调整，有一个躲在幕后的小人物突然窜到前台，决心酝酿一场政变，改变整个刘宋王朝的走向。这个人叫孔熙先，原广州刺史孔默之的儿子。

此人博览群书，最感兴趣的却是谶纬学说。一天，他夜观天象，自己又占了一卦。据卦象显示：刘宋皇室将会骨肉相残，宋文帝会死于非命，而江州之地会出现新的天子。对于唯恐天下不乱的阴谋家来说，这一发现可谓振奋人心。至于这个"江州天子"的头衔，孔熙先则锁定在被废的刘义康身上。

之所以选定刘义康，一来是孔熙先觉得他身在江州，又有政治资本（毕竟刘义康时代长达十余年）；二来也是因为当年自己父亲在广州任上遭人弹劾时全靠刘义康帮助才得以幸免，孔家一门都对其感恩戴德。

南国内忧（下）

小人物要搞大事情，则必须联络皇帝身边的近臣，至少也得是手眼通天之人。孔熙先首先想到了范晔，因为他知道对方不得志。

范晔为什么不得志？得从他的职业入手分析。熟读历史的人一般都觉得自己很厉害，通晓古今兴废，好像拥有"翻手为云覆手为雨"之能力。可事实上，他并没有那种能力，理想上的巨人往往对应现实中的屌丝。这样看，范晔确实不得志。他无能但想搞大事情，这么一来，他当仁不让地上了孔熙先的贼船。

接着，孔熙先继续物色人选。他瞄准的二号人物叫臧质。据他判断，臧质也必定不得志。原因何在？得从他的身份去分析。臧质是外戚，却是很没有存在感的外戚。臧质是刘裕发妻臧爱亲的侄子。按理说，凭臧爱亲在刘裕心中的地位，她娘家应该受到不少照顾，其实不然。要知道，在一个凡事都讲究门阀等级的社会，论资排辈是先看门第的，哪怕是外戚。刘裕亲妈赵安宗那一支、后妈萧文寿那一支的发展远比臧家好得多。尤其萧文寿，她的外戚中直接出了一个刘宋王朝的终结者——萧道成。臧质本人出身不高，长得也丑。高颧骨、凸下巴、秃顶，稀疏的几根头发还是卷毛。不满二十的时候，他曾去拜访雍州刺史赵伦之（刘裕的舅舅，赵安宗的弟弟）。赵伦之对其非常怠慢，臧质不禁大怒道："你我都是外戚，不过是依靠老女人们支撑门户而已，至于如此轻视我吗？"说完，就拂袖而去。可见，同样是外戚，臧家还要被稍高一等的赵家鄙视，更遑论还要高贵一些的萧家了。

后来，会稽长公主常在宋文帝面前给臧质说好话，他才当上建平太守。

任职期间，深受当地少数民族的爱戴，不到三十就历任历阳、巴东等名郡太守。因处事干练，喜欢军事，宋文帝认为他有才能，将其晋升为徐兖二州刺史。

显然，臧质本人还是很有能耐的，可惜门阀制度一直阻碍他的晋升之路。而现在，姑姑唯一的女儿——会稽公主刘兴弟也死了，他今后升职又能依靠谁呢？所以，对于孔熙先投来的橄榄枝，臧质也是顺理成章地接受了。

而后，孔熙先继续串联运动，刘义康以前的家奴、宗教头目法略和尚、法静尼姑、胡藩儿子胡遵世先后加入其中。据说，法静尼姑还和孔熙先勾搭上了，而后者则利用其僧尼的身份，作为联络刘义康的中间人。

当然，孔熙先大搞串联之中也有一处败笔，那就是他又找上了徐湛之。起初，徐湛之作为刘义康早先的同党，心中还是感念刘义康对自己的好。可随着计划进一步深入，徐湛之越琢磨越觉不对劲：不对啊，现在三舅对我这么好，我是他眼前的红人，干吗还没事找事继续联合四舅搞政变啊！更何况，老妈死了，万一事情败露，就连能出面保我的人都没了啊！

徐湛之担心政变会失败，就将范晔等人的计划向宋文帝告密了。他上书称："近期，员外散骑侍郎孔熙先突然让大将军府吏仲承祖传达范晔和谢综等人的意思，将要谋反。以臣过去曾蒙受刘义康眷顾，加之去年臣母去世，这群人跑前跑后，判断臣定会与他们苟合。不久，范晔亲自前来劝说，称臣的名声逐渐不好，将来能够全身而退都很困难。当时，臣就向皇帝密报了，圣上令我暗中继续与之周旋，以探究出实情……现将檄文、人名等全部上呈。"

宋文帝下诏："看到徐湛之的奏表，朕吃惊不小。范晔素无品行，年少即有恶名，只因他有才华，才用其所长，把他晋升到高位。可是，他阴险之性却记不住恩遇，还心怀不满。朕每每包容，望他能改过自新，没想到其人竟猖狂到如此地步！"遂下令有关部门彻查该案。

当夜，宋文帝召范晔及百官入宫，将其软禁在客省（处理藩属事务的衙门），并逮捕了谢综和孔熙先兄弟，三人全部招供。范晔却还是嘴硬，一口咬定自己没有谋反，同时又说孔熙先等人临死拉垫背，很下作。孔熙先听后，笑着对殿中将军沈邵之道："所有部署、文告、书信都出自范晔之手，事到如今还抵赖什么！"

宋文帝将搜查来的范晔的亲笔书信都给他看了，范晔这才无话可说，乖乖认罪。第二天，全副武装的士兵将范晔押到监狱。范晔入狱后，还在询问徐湛之在哪里，这时，他才知道自己是被徐湛之出卖的。

对于孔熙先从容认罪的胆色，宋文帝倒生出了兴趣，亲自派人传话："卿家是大才，却不受重用，与市井小民为伍，理应生出不臣之心，是朕辜负了你啊！"同时，他又质问吏部尚书何尚之："你是如何选拔官员的？孔熙先这种人才不被重用，必然要去做贼啊！"

孔熙先可能也良心发现了，在狱中上书宋文帝，坚信自己的占卜无误，让宋文帝小心晚年骨肉相残之祸。

很快，这场由"占卜"酿出的谋反案最终以范晔及其三子、孔熙先兄弟子侄、谢综兄弟等人悉数斩首而告终。值得一提的是，范晔临死前丑态百出，一点都无坦荡之色，喋喋不休自己做鬼也不会放过徐湛之云云。

迷信害人，深当为戒。这是电视剧《风云》在片尾要说的，也是以上事件给后人的启发。不过，孔熙先的占卜倒确实没算错，只是这个"江州天子"没有应在刘义康身上，至于应在谁身上，后面会揭晓。（关于那些玄乎其玄的预言可参见附录三）

而此事件的涉案人员还有三个侥幸逃脱一劫。首先是徐湛之，他是污点证人，自然免责。其次是臧质，由于这次谋反事件尚在策划初级阶段就被调入京城，后面的谋划参与较少，宋文帝倒也没对他下杀手，仅将其降职为义兴太守。宋文帝不会想到，正是自己的一时手软，让这个表兄弟后来成了南北大战中的风云人物。

作为此次事件的焦点人物刘义康，则被削去爵位，连同子女一起废为庶民,除去宗籍,流放到安成郡(江西安福)。宁朔将军沈邵领兵监视刘义康一家。而身在安成的刘义康终于有闲暇时间读书了,在他了解了西汉"尺布斗粟"的故事后,终于明白那日老和尚劝他读书的道理,慨叹:"前朝已有此事,我不了解,获罪也是理所应当。"

第二章 ⊙ 北方的入侵

边关告急（上）

就在孔熙先意图颠覆宋文帝政权的同时，刚刚统一北方的拓跋焘也未消停。很快，拓跋焘残酷血腥的种族灭绝计划引发了一场波及整个关中的大动乱。

之前说过，宋文帝通过"军事打散，文化征服"的决策，基本消除了山越这个困扰南方千年的民族问题。可与之相对的拓跋焘在北方，直接在战争中达到灭种的效果。

拓跋焘的军中会掺杂鲜卑族和其他民族的成员，后者一般冲在队伍最前面，每次承担攻城、堵箭等危险任务。这样，无论战争胜利与否，拓跋焘都是最后赢家：战争胜了，攻城略地，满足了自己的欲望；战争败了，其他民族人员必然可死掉大半，撤退时还由他们负责殿后，鲜卑族可以保存实力，安然无恙。拓跋焘不断发动战争的结果，使得其他民族的人口比例急剧下降，这恰恰是北魏没能重蹈十六国覆辙的根本所在。

所谓各族融合，于拓跋焘这样的战争狂人来说不过是一块遮羞布。他所谓的民族融合的途径绝不是文化交融，而是利用战争机器达到种族灭绝。十六国交替的很大原因就在于各族比例持平，谁都没有对他族产生绝对的控制力，而这个情况到了北魏初期发生转变。

大家不难发现，曾经的屠各匈奴没了，氐族也几乎没了，羯胡也许有但很少。汉族嘛，毕竟基数在那，即使灭不了，也开始被鲜卑同化了。而这一切的改观，全部是在拓跋焘的操作下实现的，甚至在不远的将来，他还会恬不知耻地在盱眙城下炫耀自己这一成功的灭种计划。

话说回来，其他民族也不是傻子，在一次次被拓跋焘忽悠着送死之后，他们也萌生了反抗之心。于是，在一个名叫盖吴的卢水胡人的带领下，关中各族人民发动了一场反抗拓跋焘种族灭绝政策的起义。然而，毕竟不是专业性军事武装，这些散兵游勇在久经沙场的帝国军人面前，全部成了待宰羔羊。而拓跋焘为了防止刘宋联合盖吴，还派部队前去刘宋国境内烧杀抢掠，在淮北大片地区执行"三光政策"。

此时，刘宋内部接连发生雍州山越叛乱事件（之前提到的刘骏定雍州）、孔熙先谋反事件，根本腾不出手支援盖吴起义。这场声势浩大的起义仅持续了一年不到就被镇压下去了。值得一提的是，此次起义中，有一个响应盖吴的人叫薛永宗。他战败后，族人薛安都杀出一条血路，南投刘宋，并在南国继续书写了一段辉煌。而拓跋焘在镇压盖吴起义的同时还掀起了一场灭佛运动，凡是和尚都成了拓跋军队屠宰的目标。

搞定了内部，拓跋焘又将触角伸到北疆，柔然在索虏的强大攻势下，暂时退居漠北。

面对北方的日益强大，刘宋中下级军官王玄谟多次向宋文帝上书陈述北伐之意。他对宋文帝说："彭城是水陆交通要道，应当以皇子到此镇守。"宋文帝觉得此言有理，于是在元嘉二十五年（公元448年），任命前不久在讨伐山越中立下大功的武陵王刘骏为安北将军、徐州刺史，镇守彭城。第二年，又以六子随王刘诞为雍州刺史，顶替刘骏。

宋文帝的举动也引发了拓跋焘的警觉。他趁着北征柔然归来之际，重新组织大军南下，声称要会猎梁郡（今河南商丘）。宋文帝听闻拓跋焘提兵十万南下，担心他又要假借狩猎对淮河沿岸的百姓进行劫掠，于是下令边境部队："敌人来时人少，就坚守城市；敌人如果大举南下，就和百姓撤往寿阳。"可宋文帝的旨意还没下达，索虏的部队就大举南下了。刘宋宣威将军郑绲、绥远将军郭道隐两人均弃城而逃。拓跋焘随即下令掳掠淮河两岸，杀戮不少边民，进而进攻淮西重镇悬瓠城（今河南汝南）。悬瓠这座孤城在临时太守陈宪的带领下，仅依靠不足千人的兵马和拓跋焘十万大军死磕了月旬。而此时，悬瓠大战已引起刘宋高层的关注。宋文帝急命此时驻扎在彭城的三子刘骏出兵增援。

这是刘骏第一次独立执行任务，虽然之前也有征讨山越的作战经历，但毕竟都是在沈庆之、柳元景这些将领的帮助下完成的。这次增援悬瓠对刘骏来说意义重大。他知道，这次行动对自己是一次考验，没有了沈庆之、柳元景，所能依靠的唯有彭城的一些地方部队。但若能依靠这些部队立下功勋，他日也能无惧于天下了。

刘骏出发了，仅带了一千骑兵，外带三日口粮，从徐州奔袭悬瓠，目的是为打拓跋焘一个措手不及。他深谙，即使是久经杀阵的拓跋焘也未必会猜到刘宋援军会来得这么快，而且是从东北的后方前来增援。刘骏恰恰就是打他个出其不意。此次，将部队分为五支，以刘泰之为奔袭部队的元帅，后分别交由垣谦之、臧肇之、程天祚、尹定和杜幼文率领。其中垣谦之带领的一支人马在途中又进行了扩编，抵达战场时已近两千人了。

而当垣谦之到达汝阳城附近的时候，恰巧遇上当时驻扎在那里的魏军拓跋仁所部。他们负责在此地掳掠奴隶和整理物资。这些部队平日负责抢掠，战斗力并不高，外加其注意力集中在寿阳方向过来的援军上，压根没想到彭城方面会来援军。所以，当宋军出现在魏军大营附近时，魏军都吓傻了。宋军这支千人突袭队攻入索虏营中，大杀一番，一举击毙了三千魏虏。而此时被捆绑的宋人百姓看到杀来的宋军，个个喜出望外，高呼道："王师杀回来了，给我们狠狠打这群胡鬼！"百姓一边呐喊，一边趁机逃脱，一时间竟也逃了不少人。

魏军被冲击之后开始四散奔逃，宋军原本想继续追击，但由于急行军体力损耗过大，追出一段后只能折回汝阳。此时，魏军的钜鹿公余嵩正率军从虎牢赶来押送奴隶，看到这支宋军突袭队没有后援，便下令将其包围。

由于此时的突袭队已是强弩之末，在魏军重重包围下，加之还未用餐，很快就陷入了无序的慌乱之中。之前果敢坚毅的垣谦之此刻却抛下部队逃命去了，也许面对强压之下，一直紧绷的弦断裂之后，人也就失去了主意。而作为突袭队元帅的刘泰之自知取胜无望，便感慨道："兵败如此，我又有何颜面回去呢？"于是，他放弃逃命，下马坐在地上，被魏军乱刀砍死。剩下的四名将佐中，臧肇之溺水而亡，垣谦之、尹定、杜幼文三人侥幸带着九百人突围成功。

边关告急（下）

事后，宋文帝大为震怒，将三子刘骏的军号由安北将军降为镇军将军，王玄谟作为刘骏的辅官连坐被免官，而立有功劳的垣谦之却因临阵脱逃而被斩首，尹定、杜幼文两人则被投入大牢。

细看宋文帝的这一做法，相当不公平。武陵王以千余人击杀索虏三千余人是立有大功的，且救下的百姓又不计其数，最终却因寡不敌众而招致罢免，不得不令人意难平。即使垣谦之逃跑可恶，但突击也是有功的，无论如何也不至论死。可我们若翻看前史，檀道济、到彦之、刘湛、裴方明等人的际遇或许已向我们展现了宋文帝其人确实是"于左右少恩"之人。

作为宋文帝最不宠幸的儿子，刘骏对这个结局或早有觉察。而此次事件似乎也让他开始意识到，在未来的日子里，自己只有更努力，获得更多的成就才能改变失宠的命运。不过这次突袭对刘骏也并非一无所获，至少有一个人记住了这个刘宋皇子，记住了这个敢于只带千余人就只身突入千军万马合围的安北将军。

悬瓠城下，灰头土脸的拓跋仁来到拓跋焘面前。拓跋焘骑在马上，连正眼都未看拓跋仁一下便问："敌军多少？你们死伤多少？"拓跋仁面有难色道："敌军不足两千，我军阵亡……阵亡三千。""真是笑话！我堂堂数万鲜卑儿郎居然被数千人击斩了三千余人！"拓跋焘转而看着拓跋仁道："守彭城的是谁？岛夷还有此等人才？"

"据说是刘义隆的三子，安北将军武陵王刘骏。"拓跋仁应答着。拓跋焘咀嚼着刘骏的名字，突然笑道："彭城远距千里，居然敢解此地之围，而近在咫尺的寿阳却按兵不动，刘骏，呵，没想到刘义隆还有这等儿子！罢了，把攻城器械烧了撤兵吧！"拓跋仁不解："陛下，何故？"拓跋焘摇了摇头道："大军顿于坚城之下月旬不克，师必溃矣。放心，我们还会回来的。"

考虑到此时宋文帝已从寿阳方向派遣宋军主力北上，拓跋焘明白再留下去只能损失惨重，于是在斩杀多名推责将领后，下令烧营撤退。此次悬瓠战役宋军取得了最后的胜利。宋文帝为了嘉奖陈宪的顽强死守，将其加封为龙骧将军，领汝南新蔡二城郡守。但此次拓跋焘对淮河两岸边镇的破坏是毁灭性的，淮西六郡人口锐减，许多村庄被索虏夷为平地。而拓跋焘北返后，不依不饶写了封信讥讽宋文帝，称呼其"趁火打劫，掳掠边民，结果反倒在这次南征中损失惨重"，还扬言若想息事宁人，宋文帝需割让长江以北所有领土给北魏。最后，癫狂十足的拓跋焘还说自己有符咒，可以于千里之外咒杀宋文帝。

当宋文帝收到拓跋焘的书信后，他终于明白：这人怕是真疯了。对战争狂人来说，唯有武力破灭他的一切，才能让他彻底忏悔自己犯下的罪行。宋文帝准备打醒这个老狐狸！

于是，宋文帝召开廷议，讨论北伐事宜。朝臣立刻分成两派，以丹阳尹徐湛之、吏部尚书江湛、彭城太守王玄谟、尚书吏部郎袁淑等人为首是主战派；以太子刘劭、太子步兵校尉沈庆之、护军将军萧思话、左军将军刘康祖等人为首是主和派。

这不禁让人有些好奇了，主战派里除了王玄谟算是稍微懂点兵机的，其他都是清一色的文人。而主和派却糅合了当时刘宋军界里的实力派。当然，还得解释一下，所谓主和派并非不想北伐，而是认为应该推迟北伐。他们之所以希望推迟北伐，想必是从悬瓠城之战中总结了经验教训，认为此时刘宋军队各方面素质还达不到开启南北大战的指标。但垂垂老矣的宋文帝实在无法按捺心里"封狼居胥"的豪情壮志了，立刻反驳道："北方人民在索虏的

第二章 ⊙ 北方的入侵

高压之下，处处揭竿而起，我王师一旦杀到，他们无不望风归降。此时多拖一天便是多消磨一天他们的耐心。"

宋文帝此言有些一厢情愿了。事实上，确有北方人民期待宋军北伐，但并非全部。在局部地区，尤其北魏的核心地区——山西、河北一带，当地民众已高度胡化，誓死效忠鲜卑索虏，后文会有所提及。

沈庆之依照自己的行军经验再次给刘义隆浇了一盆冷水，他说："我方主力是步兵，而敌军是骑兵，正面迎敌根本无法相抗，当初檀道济两次征讨都无功绩，到彦之也是铩羽而归。王玄谟说他仅靠青徐二州接济就能担当北伐主力，这纯粹是痴人说梦，他的才干比不过二人，只不过是徒增败绩而已。"

宋文帝却不以为然道："前番两次北伐失败是有缘由的，檀道济是养寇自重，到彦之是突生眼疾。你说的索虏倚仗的弓马之便也并非没有战胜的可能，现在是夏季，正是我们舟舰利用水系大展神威的时刻，等朕拿下滑台虎牢，持重进兵，到时索虏又能奈我何？"沈庆之还想争辩，宋文帝却不耐烦了："你小子烦不烦？要论战去找江湛和徐湛之去！"

见宋文帝不想再理论下去，沈庆之也只能无奈道："治理国家得找对方法，稼穑之事当问农夫，绣红女工当问婢女。陛下现在要北伐索虏，居然问策的是一群白面书生，这样怎么可能成功？"

沈庆之如此不识时务，宋文帝竟也不恼，而是哈哈大笑。看来，北伐的刺激让他也进入到一种癫狂状态。同样癫狂的还有大江彼岸的拓跋焘，听到宋文帝要北伐，他又修书一封，称："两国升平已经很久了，可你总是那么贪得无厌，多次诱我边民，所以我才去你边境烧杀抢掠。先有盘古后有天，鲜卑健儿还在前。我是代表天命的象征，你又岂能来我桑干川和中山？倒是我可以怜悯你久居江南，和你易地而居。不过你已经五十岁了，据说还没出过远门，如何比得了我们马背上长大的民族？我也没有什么好东西送你，今送上十二匹白鹿马还有毛毡、药物等。你来的话，如果缺乏马匹，可以乘坐；路途遥远，也许会水土不服，可以吃药。"

第二章 ⊙ 北方的入侵

南北大战（一）

又是一通狠话！

走火入魔的拓跋焘此时已经语无伦次，而同样亢奋的宋文帝也看懂了这信文的意思。他没工夫和拓跋焘耍弄嘴皮子，下令全国紧急总动员，准备调集所有兵马，一举夺回当年的失地。

就在刘宋朝廷如火如荼准备北伐之际，拓跋焘却将三朝老臣崔浩处死，一同被杀的还有崔浩所在的家族——清河崔氏，以及他的姻亲范阳卢氏、太原郭氏、河东柳氏全族。此次事件牵扯人员之广、杀戮官员之重都是创了纪录的，史称"国史之狱"。

事件的起因很简单，就是拓跋焘让崔浩撰写北魏国史，要求实事求是，崔浩确实也实事求是了，还把撰写完的史书刻在了石碑上。有意思的事情来了。老百姓闲来没事去看这些国史，一看吓一跳，这国史的内容当真比小说还刺激，什么"拓跋家来路不正，是大汉奸李陵的野种"，什么"拓跋珪强奸小姨妈案"，以及"清河王杀爹案"……一通通、一件件无不实事求是，却也搞出了大事。

拓跋焘也是要脸的人，为了尊严，只能用崔浩的人头来泄愤了。表面上看，这是一桩"文字狱"案，实际上则是北魏内部汉人集团和鲜卑集团内讧之下的一次大爆发。经过此事件，北魏朝堂上汉人高官为之一空。这也从侧面说明，拓跋焘心中的天下绝不是融合汉人和鲜卑人共有的天下，天下始终是鲜卑人的，至于崔浩等汉人只是有利用价值的一枚枚棋子罢了，等到他们威胁到鲜卑人利益时，也离死亡不远了。

那么，崔浩是否真的威胁到鲜卑人的利益了呢？答案是肯定的。庙堂之上，崔浩不断塞进汉人来做官。更重要的一点是，拓跋焘几次三番准备大举灭宋都遭到崔浩或多或少的抵制。而眼下南北大战一触即发，自己的阵营中也决不允许出现"魏奸"或疑似"魏奸"的人，所以崔浩必须死。

搞定了崔浩为首的汉官集团，拓跋焘准备和宋文帝放手一搏。元嘉二十七年（公元450年）七月十二日，宋文帝亲自下达宣战诏书，南北大战正式爆发。

他在诏书中称："敌人虽然近期遭遇挫败，但狼犬之心未绝，驱赶压榨着沦陷区的国民，妄图再次发动战争。这些年来，黄河以北、秦雍之地的各族人民都饱受鲜卑族人的摧残，他们翘首盼望王师前去拯救。据他们所说，今年春天，柔然趁着索虏南下之际，突袭了鲜卑人的老巢，致使他们部族损失惨重。而拓跋焘残忍好杀，生性多疑，刚刚诛杀了三朝老臣崔浩，敌人根基已经动摇了。我刚刚接见了柔然的使者，他们约定要和我们南北对进，一股消灭鲜卑丑类。如今雨水丰沛，江河畅通，正是百道俱济、出师北伐的大好机会。"

而后，宋文帝下达了行军路线：东路军集团由宁朔将军王玄谟担任前军，下辖太子步兵校尉沈庆之、镇军谘议参军申坦等，率领一万战舰北上进入黄河；使持节、督青冀幽三州徐州之东安东莞二郡诸军事、辅国将军、青冀二州刺史霄城侯萧斌坐镇山东军区，节制王玄谟等人。同时，镇军将军、徐兖二州刺史、都督徐兖青冀幽五州豫州之梁郡诸军事、武陵王刘骏，率领东部集团军主力，水陆并进，协调萧斌的山东集团军。

中路军集团，由太子左卫率、始兴县五等侯臧质担任前军，下辖骁骑将军、安复县开国侯王方回，建武将军、安蛮司马、新康县开国男刘康祖，右军参军事梁坦等，率领十万步骑，直插许昌、洛阳；使持节、督豫司雍秦并五州诸军事、右将军、豫州刺史、领安蛮校尉、南平王刘铄坐镇重镇寿阳，节制臧质等人。

东路军和中路军是进攻主力，所以在这些人的上面，宋文帝又派了自己的五弟——侍中、都督扬南徐二州诸军事、太尉、录尚书、江夏王刘义恭进行协调指挥，而作战中心指挥部则在徐州。西路军相对分散，主要从汉中和武关两个方向进攻北魏。汉中集团军由督梁南北秦三州诸军事、绥远将军、西戎校尉、梁秦刺史刘秀之统领，下辖辅国将军杨文德、宣威将军巴西梓潼二郡太守刘弘宗。

武关方向由护军将军、封阳县开国侯萧思话统领荆雍集团军，下辖龙骧将军杜坦、宁远将军竟陵太守南城县开国侯刘德愿。而西路军总指挥则是宋文帝的六弟——司空刘义宣。从这个安排上看，我们不难发觉，三大集团军的一把手是刘义恭和刘义宣，都是宋文帝的亲弟弟。而一把手往下，是武陵王刘骏、霄城侯萧斌、南平王刘铄、开国侯萧思话、梁州刺史刘秀之等二级头目。这些人，二萧是外戚，刘骏、刘铄是宋文帝儿子，唯一一个关系较疏远的刘秀之也是当年刘裕心腹刘穆之的侄子。

从这些人事安排看，宋文帝秉持任人唯亲的法则，看不到王谢等世家大族掌兵的身影。从侧面说，这也是皇权加强的体现，能够一改两晋委任世族掌兵的惯例还是有了较大进步的。

为了保障前线能得到充足的物资，宋文帝再次动员全国，号召上至王公大臣，下至平民百姓都能踊跃捐款，积极参军。可捐献这种事还是要靠自觉，为了获得更多军资，宋文帝又下令扬、兖、南徐、江四州之内，家财达到五十万的富户、二十万的僧尼，都需将四分之一的财产出借给政府，待战事平息后再归还。

为了征兵，文帝在青、冀、徐、豫、南兖、北兖（有些都为侨置郡县）六州之地内，三丁抽一，五丁抽二，最大限度地扩充人马。东海、琅邪（今作"琅琊"）、兰陵、东莞、晋陵五郡征召青壮年一律到广陵集中，临淮、下邳、淮陵等三郡青壮年到盱眙集结。

在这批新征召的人中，有一个叫沈攸之的年轻人。此时的他尚不起眼，但没人想到，他却成了刘宋王朝最后一位忠臣。关于他的故事以后会提及，此时大家还是将目光聚焦到南北大战上吧！

第二章 ⊙ 北方的入侵

南北大战（二）

战局初开，宋军一如既往保持着上次到彦之北伐的气势，全线铺开，各地均斩获不少。东路战场在萧斌的筹划下，六万大军先后攻克北魏碻磝（今山东庄平）和乐安（今山东章丘）。其中守备在碻磝的正是当年赫连勃勃帐下谋士王买德，新仇旧恨这回也一并报了。而后，萧斌和沈庆之移镇碻磝，命令王玄谟率部西进，包围了黄河上的另一重要据点滑台（今河南滑县）。

中路军方面，刘铄部下在进攻的过程中再次遇到他们的老熟人——鲁爽。鲁爽的父亲鲁轨就是当年司马休之的同党。鲁爽投降北魏后，被派往南疆，成了抵御宋军进攻的第一线。从鲁爽和王买德投降后的境遇看，也可获悉，拓跋焘对待归降之人的警戒心不亚于他在治理国家时对待非鲜卑族民众的敌视态度。

鲁爽作为降将也知道，自身位置很尴尬，被拓跋焘安排在这个位置上就是来做炮灰的，所以他也寻思着有朝一日再投刘宋。毕竟当初司马休之那档子事也是自己父辈和宋文帝父辈之间的事情，老一辈人作古了，新一辈人还得重新开始，不是么？鲁爽是明白人，这边的刘骏也是明白人。刘骏镇守襄阳时，鲁爽父子曾派亲信程整向刘宋朝廷表示归顺之意，宋文帝也多次与鲁爽父亲鲁轨联络，答应让其担任司州刺史，但鲁轨终因曾杀死过刘康祖和徐湛之二人的父亲，担心遭报复而不敢归顺。结果一直等到元嘉二十六年，鲁轨死的那天，他都没能回归故土。

如今，鲁爽看到宋军杀来，为了给自己留条后路，便弃城而走了。中路宋军趁此继续扩大战果，一时间，大半个河南基本光复，前锋部队直抵虎牢关下。此时，安蛮司马刘康祖奉命接替了中路军前线指挥权。

再看西路军，入武关的集团军在各线分别挺近洛阳盆地后，进行了重组。重组后的集团军由建威将军柳元景统一指挥。柳元景随即派遣关中豪族庞季明前往关中各族人民中间进行策反运动，当地百姓纷纷暗中响应。

而从汉中方向进攻的部队在刘秀之的指挥下分别从子午谷、骆谷、斜谷三路进发，原先在刘宋境内成立流亡政府的仇池王杨文德也趁机进攻仇池，斩杀了北魏政府任命的杨高，夺回了阴平、平武两地，光复仇池全境。

可就在宋军全线胜利之际，一些潜在的问题也开始显现出来，其中最突出的问题是将帅个人素质方面的劣势。冷兵器时代，将帅的个人素质有时是战争胜负的决定性因素，正所谓"一将无能，累死三军"。之前说过宋文帝摆脱世族掌兵的旧模式是一种进步，但这批新任用的人才又是否合适，很快便在战争中得到体现了。

最先掉链子的是王玄谟。他贪婪成性，为避免破坏滑台城内的物资，他放弃火攻；面对百姓自发性的归附，他却将其拆散建制，组配到自己的亲兵之间。当听闻滑台附近的大鸭梨美味时，他竟然拿出一些军中弃置不用的布匹来换购大鸭梨，要求得布者每户供奉八百大梨。就因王玄谟的贪婪，导致宋军强攻滑台数月未下，不仅贻误了北上战机，更引来索虏的援军。当年九月，扩军之后的拓跋焘亲率主力南下，兵锋直指王玄谟。等到十月，拓跋焘的前军已经进抵枋头（今河南浚县），距离宋军已咫尺之遥。魏军号称百万，战鼓号角之声震动天地。

拓跋焘命长孙真率五千精骑绕过黄河，堵住了王玄谟南逃之路。这时，王玄谟的探哨部队也发现魏军主力到达，垣护之给王玄谟写信，要求其务必尽快结束滑台的攻坚战。但王玄谟并未嗅到危险的气息，自顾自地慢条斯理地保持原先的攻势。

就在王玄谟不以为意时，拓跋焘的百万大军出现了。看到数十倍于己的来犯之敌，王玄谟选择三十六计中最有效的做法——跑。结果，由于撤退慌乱，王玄谟部丢盔弃甲，被索虏追杀了万余人，侥幸活下来的也四散奔逃，不成建制。而且，王玄谟跑时特别不仗义，根本无暇顾及垣护之所部。好在垣护之是水军，加上求生意志强烈，战法也运用得当，突围中仅仅损失了一艘小船。

王玄谟遇敌的消息自然也惊动了后方的萧斌。萧斌命沈庆之率五千人马赶去支援。身经百战的沈庆之断然拒绝道："魏军主力已到，我们也应该集团军跟进，区区五千人救援毫无作用。"可萧斌不知是真的不懂战法，还是故意让沈庆之去送死，再次令其去救援。说话间王玄谟已逃回大本营。

见到丧师失地的王玄谟，萧斌气不打一处来，扬言要斩了他以正军法。沈庆之这时似乎嗅出萧斌要整死王玄谟和自己独掌军队另行他事的危险气息，出于保王玄谟的心思，遂劝谏道："拓跋焘威震北国，如今带了百万之众前来，岂是区区王玄谟能挡得住的？临阵杀将，无异于削弱自己，这不是良策啊！"

王玄谟被捕后在睡梦中听见有人喊他背诵《观音经》避死，于是，他立刻开始背诵经文。次日，他被押解到刑场之际，果真突然传来赦免诏令。关于这则故事的真假，笔者表示怀疑，一个第二天就要死的人，还能淡定入睡么？考虑到当时佛教盛行，这或许只不过是佛教徒杜撰出来用于造势的段子。

宋文帝后来也问沈庆之，为何要劝萧斌刀下留人。沈庆之给出的回答是："诸将败退后，都害怕因军败被追责，如果军败逃归本国，还被诛杀，大家将会逃散。况且，魏军大兵将至，不宜削弱自己。"对沈庆之的回答，笔者也持怀疑态度。作为宦海沉浮的老狐狸，提出这一意见的出发点是不是为了自己，还是很值得商榷的。

前锋军团全军覆没，眼看拓跋焘大军杀来，萧斌这时候再也坐不住了，便问计沈庆之。沈庆之给出的建议也是——跑，当然也可叫"战略转移"。他认为萧斌若不进行战略转移，等拓跋焘包围自己，那么，这个集团军也会像王玄谟所部一样被一口吃掉。一旦自己也被吃掉，那整个青州都会沦陷，同时，身处彭城的武陵王刘骏和相王刘义恭就将成为建康城最后的第二道防线了。

就在众将商议之际，宋文帝"严守碻磝"的指令也到了，众将决定依令而行，可沈庆之却坚持己见，认为"将在外，君命有所不受"。最终结果出来了：王玄谟丧师失地有罪，戴罪立功誓死守备碻磝，申坦、垣护之两将驻守靡沟城，而萧斌则带主力部队战略转移到历城（今山东济南）。

第二章 ⊙ 北方的入侵

南北大战（三）

东路军遭遇噩耗的同时，西路军由于没有遇到索虏主力，还是取得了一定成果，先后攻克弘农、陕城。尤其刚刚归降刘宋的猛将薛安都，在阵前挥舞着一杆丈八蛇矛，所遇鲜卑骑兵皆被刺于马下。

在西线，魏军在与宋军刺刀对刺刀、堡垒对堡垒的攻杀中竟然讨不到半点便宜。由此可见，宋军的真实战斗力远没有后来齐梁陈时代的疲软。西线战场中，柳元景收降的俘虏中竟然有数量庞大的汉人。柳元景遂质问："过去，你们总是责备国家抛弃了你们。当我们王师北定关中的时候，你们却甘愿为异族效力。那么现在，我想问问你们，究竟是国家抛弃了你们，还是你们抛弃了国家？"说完，他打马上前，瞥了一圈俘虏，继续道，"现在王师杀到，对于良善的百姓我们要予以拯救，对于臣服异族的仆从我们要彻底消灭，明白吗？"话音刚落，那群俘虏不知是真的良心发现，还是出于畏死本能，接连道："鲜卑人把我们当畜生看，驱赶着我们前来送死，我们不服从就会被灭门。战场上，我们稍有迟疑也会被他们后面的骑兵踩死，将军你也是亲眼所见啊，我们又岂敢背叛国家！"

这套说辞并没有立即得到宋军的宽恕，诸将都建议将这些"二鬼子"诛杀，但柳元景却不同意。他道："如今王师北伐，我们军队留下的名声应当是仁义之师。"于是，他将俘虏全部释放，对于那些愿意回家的还发放了盘缠。降卒听闻自己被赦免，对宋军高呼万岁而去。宋军的义举在一定程度上起到了积极效果，关中义军趁势攻下潼关，关中各族人民平日里苦于鲜卑人的民族迫害政策而无法反抗，这时则纷纷响应，居住在山中的羌族、匈奴族部落也都前来表示归顺。

虽然西路军"政治宣传工作"做得好,将士们也很拼命,可关中崎岖的壁垒及自身部队人数的匮乏导致军队进展缓慢,军粮短缺更令其无力扩大战果,反而与魏军进入了相持阶段。

此时,东线战场的形势依旧严峻。东路军已经分化为萧斌的山东集团军和刘骏的江北集团军,拓跋焘主张各个击破。他先是瞄准在山东的萧斌,命令魏军各军分道并进:库仁真率领关中八万骑兵从洛阳朝寿阳(安徽寿县)方向进攻,步尼公率军直扑马头,楚王拓跋建率军朝钟离(今安徽凤阳)方向进攻,阿斗泥从青州朝下邳(安徽邳州)方向进攻,拓跋焘自己则率军从东平(今山东东平)向邹山(今山东邹城)扑来。

这时,吹牛天才王玄谟又莫名地做起了逃兵,魏军趁机攻占碻磝。关于王玄谟为何会逃,《宋书》给出的答案是他受了刘义恭的指令,南下彭城汇合。不管王玄谟撤兵是否真是接到了命令,单就他的这一举动便是酿成大错。

王玄谟不撤,横亘在山东集团军和江北集团军之间的联系便没有被打破,两个集团军或可相互配合共抗索虏。如今王玄谟撤退,所部再次被索虏消灭,这样一来,两个集团军就被分割开来。

拓跋焘此时的心思没有放在山东的萧斌身上,而是率领主力扑向彭城。与此同时,沈庆之部和臧质部突然分别从萧斌集团和中路军集团中脱离开来,前来阻碍拓跋焘南下的步伐。由于史料记载纷杂,关于沈庆之何时从萧斌处脱离已不可考,大致能推断出在萧斌退守山东时他或许并未跟从。而在之前的史料中臧质一直未见跟随刘康祖等人作战。根据《宋书·臧质传》中记载,王玄谟久攻不下滑台,臧质曾上书宋文帝要求由自己替换王玄谟担任攻城任务。也许臧质脱离中路军大概就在王玄谟围攻滑台前后。

拓跋焘主力南下后,先是攻克了宋军囤积军粮的荥胡冢。拓跋焘为了炫耀武力,在此推倒了为秦始皇歌功颂德的石碑,用武力鞭挞汉人的文化产物。

而后，他分兵从西北、正威逼彭城，另一路则进抵下邳，切断了彭城与淮南的联系，预备一口吃掉江北集团军，然后再回师山东，解决掉萧斌的山东集团军，这样，东路军将全军覆没。

就在拓跋焘完成对彭城的半包围之际，拓跋仁的支援部队也到达虎牢。在魏军如虎添翼的情况下，刘宋中路军开始败退，魏军趁机夺取了之前久攻不下的悬瓠城。而在拓跋仁军队中的汉奸司马楚之趁机展开舆论攻势，归降北魏的百姓竟然有近万家。

刘康祖的兵团在撤退过程中遭遇拓跋仁八万骑兵的追击。面对步兵和骑兵的对垒，且刘康祖手下仅有八千之兵，手下纷纷建议沿着山路撤退。然而，义愤填膺的刘康祖却断然拒绝，说道："我奉命于圣上，志在荡平河洛，如今敌人送上门来，狗羊再多有何用，还不是被歼灭？寿阳就在后方，我们这边战事胶着，援军必然赶来！"

于是，刘康祖效仿刘裕当年，结战车为阵，并号令三军："敢回头的，斩首！敢撤退的，剁脚！"刘康祖视死如归的决心是值得赞颂的，但他看错了人。寿阳城内的南平王刘铄压根就没誓死一战的决心，直到刘康祖在和索虏的交战中被消灭，寿阳方面都未曾派出一兵一卒。

接下来的事情不难预料，刘康祖所部八千将士奋战索虏，斩杀魏军上万人，大战一日一夜却未见寿阳方向的援军。为了鼓舞士气，刘康祖在身受十余处刀伤的情况下，勒马走在队列前面。然而一支冷箭洞穿了刘康祖脖子，使他栽下马来，剩余的宋军在失去主将的情况下被屠戮殆尽。

歼灭了刘康祖所部，拓跋仁继续向寿阳推进。为了炫耀武力，索虏派人将刘康祖的首级呈现给寿阳城中的刘铄，并将斩获宋军的首级系于马尾，绕着寿阳城纵马三圈。更有甚者，他们还将宋军首级垒在城西，高度居然与寿阳城城墙持平。刘铄不敢出城应战，只能下令坚壁清野。

中路军经此一役，只剩龟缩在寿阳城内的刘铄及游离在外的臧质一部。

而东路军的境况也不佳，因此刻拓跋焘已经来到当年楚霸王营造的戏马台，距彭城咫尺之遥。这时，身处彭城内的东中路军联合总指挥——江夏王刘义恭准备弃城而逃。而沈庆之却建议，派出精锐的战车部队护送两王（刘骏及刘义恭）及家眷北上历城（萧斌山东集团军大本营），护军将军萧思话留守彭城。沈庆之在此时出现说明他并没有在南下途中遭遇拓跋焘的军队，并完成和江北集团军的顺利会师。他提出的建议缺乏可操作性，一旦战车部队扛不住数十万鲜卑骑兵，这两位王爷无疑就是出去送死。

刘义恭的长史何勖否定了这一危险的提议，他觉得全军撤退后不往南走，改为东进，到郁州田横岛（今江苏连云港附近）后，坐船走水路撤回建康城。刘义恭是打定撤离主意了，却在是北上还是东进上犯了难。

南北大战（四）

这时，武陵王的长史张畅反对道："假如北上和东进真的可以实现，那下官必然赞成。可如今城内军粮不足，百姓早生离心，只是苦于城门紧闭，无法逃离罢了。一旦出城，人心就散了，到时候还谈什么东进和北上？现在我们坐镇彭城，依靠强大的城墙和充足的部队或可与索虏一战，等待援军。如果王爷真准备逃，那么，就让臣以颈血溅王爷马蹄！"

张畅说完，武陵王刘骏也表态了："父皇委任五叔作为全军统帅，是去是留我本无话可说。可是，我身为徐州刺史，奉命镇守徐州，却让国家受辱，索虏铁骑长驱直入，已然是羞愧万分。现在再弃城而逃，实在无颜面对父皇，今日，道民（刘骏小字）愿与彭城共存亡！"

大家有必要记住刘骏这一番话，虽然后来当了皇帝的他有所堕落，但在大是大非的问题上却从来没有糊涂过一次。王玄谟前锋失利以来，宋军的气势被打压得很快，军中听到最多的一句话就是"战略转移"。在人人都想着撤退的时候，刘骏振聋发聩的一句话却唤回了彭城所有将士的士气和决心。

自己的侄子都说出这番话了，刘义恭也不好再说什么，加之宋文帝派出心腹徐爰前来传达坚守的命令，他也只能死守彭城了。

这时，拓跋焘率领部队到达彭城城下，派遣战俘蒯应前去城下讨要美酒和甘蔗。城上的士兵便问："魏主亲自来了吗？"蒯应连忙回答："是。"城上又问："现在在哪里？"蒯应指了指，说："在城西南。"城上继续问："这次带了多少兵马？"蒯应回答："步马四十万。"听完蒯应的汇报，城上的士兵便去回禀武陵王刘骏了。

武陵王刘骏听完后欣然说道:"魏虏远来疲敝,送去两壶美酒。甘蔗百根劳军吧!听说他们那里有骆驼,可以送一些给我们见识一下。"

第二天,拓跋焘派遣尚书李孝伯前往城下交涉。李孝伯对着城头喊话:"魏主让我给你家安北将军捎个话(刘骏之前由于驰援悬瓠城失利已经不是安北将军了,拓跋焘不清楚状况固依旧称安北将军),安北将军可否出城一见?我们只求与安北将军会一面便不攻此城。安北将军何必让将士再受兵戈之险?骡子、骆驼等特产已经全数送来,并有一些杂物。你们可以直接去南门外领取。"

此时坐镇彭城的第一领导人是刘义恭,军事支柱是沈庆之,可拓跋焘唯独提了刘骏的名字,想来是对那次奇袭记忆犹新吧?虽然那次出奇兵并未对鲜卑造成重创,但敢在拓跋焘百万雄师眼皮子底下搞救援行动,而且就区区千人,光凭这点胆略也强过龟缩于寿阳城中的刘铄不知多少倍。眼高于顶的拓跋焘没有记住宋文帝的太子,没有记住宋文帝的五弟,却独独记住了宋文帝这个并不得宠的三子。

很快,孝武帝的长史张畅作为代表,出南城与李孝伯接洽。

李孝伯遥问来者何姓,张畅回答:"姓张。"

李孝伯说:"那就是张长史了。"

张畅说:"你怎么知道?"

李孝伯说:"你声名远播,我岂能不知?"

张畅反问:"你姓什么?担任什么官职?"

李孝伯答:"我是鲜卑人,没有姓,况且不能说。鲜卑官职与你们不同,不是一时半会能说清楚的,但与你的大致相当。"又说,"我主有诏:'太尉、安北将军可以暂时出城,与我相见,朕不会进攻彭城,何苦劳累将士,严加防备?'如今派我送来骆驼和貂裘等物。"

李孝伯又说:"为何匆忙切断桥梁、紧闭城门?"

张畅回答:"城内两位王爷因为魏主营垒还未修好,将士疲劳,城内有十万精锐战士,人人都想拼命,担心会出现意外事件,因此,才暂时关闭城门,休养士马,然后,选定战场,约定日期交战。"

李孝伯说:"令行禁止,这是为将的常识,正该用军法约束军队,何必紧闭城门?孤城之内,何必要夸口有十万之众?我这里也有良马百万,也以此与你相夸。"

张畅说:"王侯设置险阻,哪里只有法令的道理。我如果夸口,当说有百万之众,之所以仅说十万,这只是两位王爷平常豢养的将士而已。这座城内拥有数州的百姓都还没有提及。我本斗智,不斗马足。"

李孝伯说:"你说王侯设置险阻,的确不假,但开关正常,何必堵死?切断桥梁又是为何?这实在是守城之君习以为常的事,在野外交战是我军所长,我依靠马匹,正如你依靠城池一样。"

城内有个叫具思的人,曾到过平城,认识李孝伯,遂插话说:"李尚书一路劳顿了。"

李孝伯回答:"这是谁?都知道……"

具思说:"正是大家都知道,才向你慰问。"

李孝伯回答:"谢谢。"

张畅接受礼物后,李孝伯说:"貂裘送给太尉,将骆驼、骡子、马匹赏赐给安北将军,葡萄酒和其他美食一并送上,由他们叔侄二人一起品尝。"

拓跋焘又向彭城索要美酒和柑橘。

张畅说:"二位王爷知道魏主想与他们见面,也愿意与魏主相见,但是,作为本朝臣子,位居一方大员,人臣无境外之交,因此,不容私下与魏主见面。且城防是为了防备万一,士兵们心悦诚服,不算劳累将士。太尉、安北将军得到了魏主的礼物,也知道魏主还需要柑橘。太尉还说北方寒冷之地,皮袄等物是你们用得着的,我们都不要了,还给你。螺杯、杂粽是南方的特产,就送给你们了。"

王的问候

考虑到彭城方面迟迟不给拓跋焘明确的回复,他又派李孝伯去传话:"我主有诏:'如今来的仅仅是骑兵,车辆还在后面。'"

张畅回答:"'有诏'这类话,只能在你国内称呼,岂能对我们说?"

李孝伯说:"诏书是发布指示,朕的称呼是针对我说的,没有什么不同。"

张畅说:"如果言辞相通,就还继续谈判。刚才你的话,显示了贵贱不等。你再'称诏',我就不听了。"

李孝伯反问道:"你家太尉、安北,是人臣否?"

张畅说:"是。"

李孝伯说:"邻国之君为何不可以对邻国之臣称诏?"

张畅神色不变:"君之所言,中华无人听闻,何况诸王之贵,还谈什么邻国之君。"

李孝伯眼波闪动,声音变得温和:"南北道路阻断,音讯不通,太尉、安北年少,主上深以为忧。若欲向江南派遣信使,当为护送。若无坐骑,我国出马相送。"

张畅随口道:"这里小路甚多,使者晨去夕回,就不劳烦魏主。"

李孝伯说:"我们也知道有水路,不过,似乎被白贼(指孙恩、卢循的天师道余孽)切断了。"

张畅说:"你穿着白色衣服,自称白贼啊!"

李孝伯大笑:"今天的白贼与黄巾、赤眉没什么不同。"

张畅说:"我们江南没有黄巾、赤眉。"

李孝伯说:"江南没有,这里也没有。"

张畅说:"青州徐州确实有贼人,只是不是白贼罢了。"

李孝伯说:"周公握发吐哺,为何两位王爷独自尊贵?"

张畅说:"握发吐哺,那不是对邻国之人。"

李孝伯说:"对本国之人尚且如此,对邻国更应恭敬。并且,客人来了,主人要尽到地主之谊。"

张畅回答:"昨天看到客人来到我城门,好像也不是很有礼貌。"

李孝伯话锋一转,言辞尖刻道:"永昌王一直镇守长安,如今率领八万精锐骑兵,直抵淮南,寿春也是闭门固守,不敢相抗。前几天,送去了刘康祖的人头,他们都看到了。王玄谟平常之人,南国为何让他做先锋,以致奔败?我军自入此境七百余里,主人竟无一次抵抗。邹山之险,君家所凭,前锋一到,守将崔邪利躲入地窖,诸将倒曳而出,主上赦免了他,就在军中。"

张畅道:"王玄谟南土偏将,非国之才士,不过是个前锋而已。我大军未至,王玄谟乘夜班师,以至于戎马小乱。崔邪利陷没,何损于国!魏主用数十万大军制服一个小小的崔邪利,何足道哉!入境七百里不见我军抵抗,那是太尉神算,安北圣略,这是兵机,不便相告。"

李孝伯威胁道:"你说这些空话来和我对答,可谓是闪烁其词,由此可知已经无话可说。我主并不会包围彭城,将亲自率领大军直抵瓜步山。南方一旦平定,此城不攻自破,如果南方不能平定,这里也不是我们想要的。我大军今当向南挺进,饮马江湖。"

张畅一脸沉静:"要去要留,悉听尊便,若虏马得饮长江,真是没有天理。"当时刘宋流传着一句童谣,说"虏马饮江水,佛狸死卯年"。卯年,就是公元451年,即来年。

张畅的谈吐让李孝伯望而生畏。张畅将要回城时,李孝伯追上说:"长史多保重,你我相距只有几步,可叹却不能握手!"

张畅对李孝伯说:"希望我军能很快平定天下,我们在不远的将来能够再次相见。你如果能立身宋朝,这次将是我们认识的开始。"

李孝伯久久凝视着张畅远去的身影,不卑不亢,尽显华夏礼仪之风,这种感觉让他觉得似曾相识。毕竟,在屈身侍奉诸胡百年的北方门阀身上,再也看不到此类风骨了。

拓跋焘又向城内借箜篌、琵琶、筝、笛等器及棋子,刘义恭回答:"受命指挥军队,没有携带乐器,在此地举行宴会,使用的是本镇的歌女,有些乐器,也不错,就送给你了。"刘骏回答:"担任一方大员,对此无暇关注,前有诸王临别相赠有琵琶,可以送给你,棋子也一并送去。"

外交战结束后,拓跋焘当即下令魏军对彭城发起进攻,焚烧南城城门,然而彭城上下同仇敌忾,魏军攻城受阻。三日后,拓跋焘怕重蹈悬瓠城覆辙,便撤了对彭城的包围,挥师南下……

为了集结起更多的兵力,拓跋焘下令还在围攻寿阳的拓跋仁撤围赶来汇合,目标只有一个——直扑长江!拓跋焘在南下的过程中继续保持"三光政策",沿途烧杀抢掠,摧毁村庄房舍,在解决了军粮问题后,留下一派千里无人烟的惨景。

当拓跋焘军队到达淮河时,遇到了消失已久的臧质军团。臧质军团原本和沈庆之军团一样,是前往执行阻碍拓跋焘南下彭城任务的。如今拓跋焘撤了彭城之围,臧质也只能继续追随南下,截杀拓跋焘。与拓跋焘四十万大军相比,臧质目前手里只有一万人,而且是步骑混杂。顺带提一下,后来的刘宋王朝终结者——齐高帝萧道成此时也在臧质军中服役,只不过此时的他仅仅是个中下级军官。

臧质在盱眙城摆下阵势,依山扎营,傍水结寨,想阻挡拓跋焘。结果拓跋焘依靠人海战术,再次吃掉了这个军团,臧质仅带了一千残兵退入盱眙城。当时的盱眙太守沈璞未雨绸缪,早在宋军围困滑台的时候,就预感到战事可能波及江淮流域，所以将盱眙城修缮得和铁桶一般。

对于收留臧质残部，沈璞手下很多人都不支持，觉得这会增加城内负担，且容易引火烧身。但沈璞却义正词严道："我们今天遇到的敌人非常残忍，古往今来没有比他们更野蛮、更血腥的民族了。臧质所部是我们的同胞，难道我们忍心看着他们被外族屠杀么！而且，我昨晚做了个梦，梦见佛祖告诉我，这批残兵里有一个会成为我们未来的皇帝。"

臧质顺利进城，拓跋焘却犯了难。由于淮南各地都坚壁清野，抢掠粮食变得越来越困难。为节省时间，拓跋焘不想继续死磕淮南各镇，而是率军继续往长江扑去。

十二月十五日，拓跋焘率领四十万大军进抵瓜步山，与建康城仅一江之隔。拓跋焘下令拆毁居民房屋，砍伐芦苇，在滁河河口制造木筏，声言要强渡长江。一时间，建康城内人心惶惶，百姓们都紧盯着江对面，只要魏军一旦过江，就立即逃跑。

虏马饮江

其实，早在拓跋焘兵临淮河的时候，建康方面就实行了戒严。宋文帝发布命令，首都境内的青壮年全部征召入伍，包括帝国所有王公大臣们的子弟。同时，刘宋全部水军守卫长江，从采石矶到暨阳，绵延六七百里。徐湛之与太子刘劭分守石头城，负责调动一切卫戍部队。同时，宋文帝还重金悬赏刺客刺杀拓跋焘，凡是能够斩杀拓跋焘的，封八千户开国县公，重赏布帛丝绸各一万匹，金银各一百斤。为了调动一切力量抵御拓跋焘，宋文帝甚至下令西路军撤离战场，回师解东线之围。由于西路军是唯一立下赫赫战功的集团军，所以宋文帝大肆封赏有功人员，柳元景被封为宁朔将军，京兆、广平二郡太守，同时任命庞季明为定蛮长，薛安都为后军行参军。

此时，拓跋焘在瓜步山修筑了行宫。"可堪回首，佛狸祠下，一片神鸦社鼓"，说的正是这一景。那么，此时魏军兵力大致有多少呢？百万肯定是假的，《魏书》有处细节说是六十万，但李孝伯一本正经地表示有四十万，那基本就在四十万左右。加之后来拓跋仁的部队，总兵力不超过五十万，又在战斗中损耗不少，如今大致在四十五万左右。但拓跋焘也很清楚，面对重重战舰封锁的长江，自己想要依靠竹筏渡江无异于痴人说梦，而劫掠来的粮食已吃得差不多了。所以，拓跋焘目前能做的只是依靠炫耀武力来迫使宋文帝割地求和。

这时，宋文帝也登上石头城，窥视魏军阵容。他看到黑压压一片的魏军，面露忧色地对江湛说："北伐之计，赞同的少，如今百姓劳累怨恨，不能不心生惭愧，给群臣平添了忧愁，这都是朕的过错。"又道，"檀道济如果还活着，岂能让胡马来到这里？"至此，宋文帝真的对当年诛杀檀道济有所悔恨了。

很快，拓跋焘派出使者求和，宋文帝试探性地派使者回访接洽。拓跋焘便在大帐里拉出十一岁的孙子拓跋濬对宋文帝使者说："我率天下之众来此，不是为了建功立业，而是为了和宋主永结秦晋之好。如果宋主能将公主许配给我这孙儿，那我也会把女儿嫁给你们皇三子武陵王。到时两家和好，匹马不复南顾。"

面对拓跋焘开出的条件，宋文帝召开了廷议。群臣认为能化干戈为玉帛是好事，一致同意议和，但江湛却反对道："索虏无信义，不论骨肉亲情，即使答应了他们，日后他们也不会有所顾忌。"

太子刘劭当场就爆发了，指着江湛的鼻子破骂："现在三王（刘骏、刘义恭、刘铄）被困重围，你还敢在这里提反对意见？北伐失败，丧师失地，如今必须斩杀江湛和徐湛之以谢天下！"

宋文帝发话了："北伐是朕的主意，江、徐二人不过是附议罢了。中州天下决不可分，朕与索虏势不两立！"宋文帝放弃议和，颠覆了拓跋焘妄图"隔江而治"的阴谋。在名义上讨不来承认，那只能为下次大战留下伏笔了。

求和不成，拓跋焘还是得撤。于是，他在瓜步山摆下庆功宴后第二天便离去了。魏军一撤，宋文帝便宣布建康城解严，这次北伐的失利不仅让刘宋积累了二十年的"元嘉之治"消耗殆尽，战前允诺给百姓的还款更让刘宋末年陷入巨额的财政赤字。在索虏铁蹄蹂躏下，淮河两岸也变得支离破碎，千里无人烟。而于宋文帝本人来讲，因为这场战争，他在百姓心目中的崇高地位轰然倒塌。一言以蔽之，"一呼百应的时代已然过去，取而代之的是众声喧哗"。宋文帝之后，南朝再也没有达到元嘉时代的国民凝聚力，即使后世的梁武帝也未能如愿。

最最重要的一点，由于宋文帝戒严期间的一个举措，开启了潘多拉盒子，使得后世南朝陷入了血腥的皇室内讧中。就在拓跋焘兵临瓜步期间，文帝下令赐死了已经废为庶民的四弟刘义康，开了南朝宗室自相残杀之先河。

拓跋焘在北返途中再次经过盱眙，他想不到这次会在这个小城碰了一鼻子灰。

臧质，我们的老熟人，经过之前的描述，我们对他的印象大概是丑陋的外表下包含着一颗不安分的心。当然，记忆犹新的莫过于参与过孔熙先事件和被拓跋焘吃掉了整个兵团。

对这个手下败将，拓跋焘自然不会放在眼里。打听到盱眙城内只有三千人马，他便以"劳军"为名，要求臧质和太守沈璞进献美酒。也许是之前在彭城和瓜步的交涉中，宋军给了拓跋焘太多面子，以至于他都忘了自己是谁了，忘记了自己侵略者的身份，反而自以为是贵宾。

很快，臧质的"美酒"送上来了，拓跋焘揭开坛子正准备喝，一股子尿骚味扑面而来。怒不可遏的拓跋焘下令四面围住盱眙，摆开人海战术，务必要攻破这座小城。开战前，拓跋焘还给臧质送去一封恐吓信和一把宝剑，信中说："我派出的攻城军队非我国人，城东北的是丁零人和匈奴人，城南的是氐人和羌人。假设丁零人死了，正可减少常山之贼；匈奴人死了，正好减少并州的贼寇；氐人、羌人死了，也就减少关中的贼寇。你但杀无妨！"拓跋焘毫不避讳地再次提及自己的种族灭绝计划，而且这个计划看来屡试不爽，外族人就在这一次次征战中人数锐减。最后，匈奴人没了，丁零人没了，氐人没了，羌人几乎也没了……

就在拓跋焘沉浸在自己成功的种族灭绝计划中时，臧质的回信过来了："无耻的人见多了，像你这样把'无耻'写脸上的，我头回见。你仗着自己是四条腿走路就屡屡侵扰我国，知道王玄谟为什么不跟你打么？江南的小子都知道'虏马饮江水，佛狸死卯年'这句话。我们撤退就是让你饮上长江水罢了，如今天要亡你，你劫数难逃！现在你小子犯在我手上，我又岂能让你活着跑回桑干川？你小子走运，那是被乱兵所杀；不走运，就是被我活捉。

到时候，我就牵着一头小毛驴，捆着你送往菜市口砍头。至于我，烂命一条本就不打算活着，如果老天不显灵，落在你手上，要杀要剐随你。你小子的兵力和才智比得过当年的苻坚么？你安心攻城莫走，粮食不够吃，我供给你。所送刀剑已收下，是不是想让我挥刀斩了你？"

拓跋焘看完臧质的回信，气得浑身发抖，怒吼着下令制造一张大铁床，把刀尖锥尖朝上镶在铁床上面，恶狠狠地喊道："攻破城池，抓住臧质，让他躺在上面。"臧质也不示弱，将拓跋焘炫耀的信件誊抄了几千份，射给了攻城部队前军中的外族人，并对他们说："你们都抬眼看看吧，佛狸把你们当畜生，你们都是苦命人，何苦为外族卖命呢？"顺带着臧质还明码标价——"斩佛狸人头，封万户侯！"

硝烟散尽

紧接着，魏军一波又一波地发起对盱眙城的进攻。他们用钩车钩住城楼，想将城楼钩塌，城内守将则用铁环制成巨型锁链拴住钩车，数百人呐喊着向后牵引，钩车无法后退。等到夜里，守军从城内悬下木桶，桶内藏着壮士，将钩车的钩子砍掉，并将钩车缴获。第二天，魏军又用冲城车猛撞城墙，但盱眙城墙土质细密坚硬，冲车每次撞击，仅仅撞落数升城墙上的泥土。

眼看不奏效，拓跋焘下令魏军强行攀登城墙，部队轮番上阵，吊下梯子再重新攀爬，无人敢退缩。守军拼死苦战，杀死魏军万余人，尸体堆积得与城墙一般高。战斗异常惨烈，魏军强攻了整整三十天，一直无法攻破城池，还折损了大将长孙真。

此时，军中疫病盛行，细作还传来消息说宋文帝已经命令彭城的江北集团军全线出击，切断魏军归路，实现关门打狗之势。拓跋焘惊骇，焚烧攻城器具后仓皇渡过淮河退去。

魏军途径彭城时，诸将纷纷请战，武陵王态度尤为激烈，但刘义恭不从。第二天，宋文帝命令彭城守军截击魏军的诏书送到彭城。此时，魏军已经走远，刘义恭这才命令镇军司马檀和之向萧城方向追来。魏军闻讯，将随军俘虏的万余南方百姓悉数屠杀后，仓皇离去。宋文帝听闻魏军平安返境，极为恼怒，斥责江北六州的刘宋守军。其中下诏责备彭城宋军未能及时在魏军北返途中拦截魏军，降刘骏为北中郎将。

相信此刻刘骏的内心是崩溃的，可没有办法，这就是政治。有干实事的人，也有背黑锅的人，很多人干了实事也难逃背黑锅的命运。

此次南北大战，前后持续半年，至此算是告一段落。然而，参战双方在这场战争中都蒙受了相当惨重的损失。《宋书·索虏传论》如是记载："自江、淮至于清、济，户口数十万，自免湖泽者，百不一焉。村井空荒，无复鸣鸡吠犬。时岁唯暮春，桑麦始茂，故老遗氓，还号旧落，桓山之响，未足称哀。六州荡然，无复余蔓残构，至于乳燕赴时，衔泥靡托，一枝之间，连窠十数，春雨裁至，增巢已倾。虽事殊吴宫，而歼亡匪异，甚矣哉，覆败之至于此也。"《资治通鉴》对此役的记载寥寥数笔，但有关鲜卑人的野蛮行径却跃然纸上："南兖、徐、兖、豫、青、冀六州，杀掠不可胜计，丁壮者即加斩截，婴儿贯于槊上，盘舞以为戏。所过郡县，赤地无余，春燕归，巢于林木。自是邑里萧条，元嘉之政衰矣。"

当然，魏军在战争中也损失较大，在与刘宋部队局部战斗中讨不到便宜，陷入刘宋人民战争的汪洋之中更是遭受了重创。《宋书》称："焘凡破南兖、徐、兖、豫、青、冀六州，杀略不可称计，而其士马死伤过半，国人并尤之。"兵力折损近半应该是比较真实的情况。范文澜也评价这次战争道："鲜卑人从来没有遇到这样的死伤，此后害怕同南朝作战。"虽言过其实，但这次大战却打出了南北双方半个世纪的和平，这点是毋庸置疑的。直到孝文帝亲政前，双方虽然局部战争不断，但北魏却再也没有动过全面南征的心思。

战后，宋文帝根据参战诸员的表现，依次进行了赏贬。臧质升任为雍州刺史；萧斌被免官；刘骏在降为北中郎将后，不久再被启用，升为都督南兖州、南兖州刺史，镇守山阳。此后不久，刘骏又升迁为都督江州，江夏、西阳、晋熙、新蔡四郡军事，南中郎将，江州刺史。而领导西路军取得辉煌战果的皇六子随王刘诞不知何故，降职去担任会稽太守了（不排除宋文帝试图让其进行政务历练）。

南北大战后，鲁爽协同弟弟鲁秀反水，带了千余家汉人百姓南归刘宋。宋文帝宽仁远怀，没有让徐湛之等人算旧账，并依据之前和鲁轨接洽的约定，册封鲁爽为司州刺史。拓跋焘得知此事后，狂性大发，派人掘了鲁爽父祖的坟墓。不过，癫狂的拓跋焘已经没有多少时日了。北归的第二年，北魏政局动荡，太子拓跋晃阴谋发动叛乱，结果招致拓跋焘废杀。而后，暴虐无度的拓跋焘死于内宦宗爱之手，他罪恶而又血腥的屠夫生涯结束了。

拓跋焘死后，宗爱迎立拓跋焘幼子拓跋余即位。半年后，拓跋余又被宗爱弑杀。经过一番动荡，皇位最终落到废太子拓跋晃儿子拓跋濬的头上。看过神剧《锦绣未央》的读者想必不会对这个皇帝陌生，因为随着他的上台，一代女雄——文明冯太后也走向了历史前沿。

而刘宋方面，宋文帝在拓跋焘死后发动了其执政时期的第三次北伐，也是最后一次。刘兴祖吸取了前两次争河南而无功的教训，建议自山东进兵河北，堵塞太行山诸隘口，将北魏遏制在山西以内。若河北甫定，则河南自然落入宋军之手。宋军若在抵达黄河之后，进攻河北，北魏形势就很危险，魏主须亲自率军抗击，刻不容缓。不过，宋文帝觉得此策太冒险，予以否定，第三次北伐也最终功亏一篑。

经过刘宋王朝政治倾轧和南北大战的洗礼，在动荡与纷乱中成长起来的刘骏正在缓步走向历史大幕的中心。在"刘义隆时代"日薄西山后，他将接过帝国的权杖，书写一个属于自己的时代篇章！

第二章 ⊙ 北方的入侵

第三章

夺来的帝位

太祖被弑（上）

元嘉三十年（公元453年），是令刘宋王朝刻骨铭心的一年。在这一年，宋文帝这颗照耀帝国三十年的"红太阳"突然陨落。之后，很多人的命运也在那一年发生了天翻地覆的变化。南朝的路该往哪里走，成了困扰后世南朝诸帝最头疼的问题。

对这一年的大事，我们还是先聚焦在已经升任为江州刺史的武陵王刘骏身上吧！对刘骏来说，任何过失都要由自己承担，任何升职也都是要付出代价的。所以，刚刚升任江州刺史后，他便迎来新一轮艰巨的任务——讨伐山越。

元嘉二十七年，南北大战后，宋文帝威信一落千丈，那些不安分的野心家和山越又开始蠢蠢欲动了。司马黑石、庐江叛吏夏侯方进在西阳（今湖北黄冈）五水，煽动群蛮。自淮河、汝河一直到汉水、长江之间，山越四起，反抗官府。当年十月，宋文帝命令沈庆之率领众将前去讨伐，命令豫州、荆州、雍州各派军队，受其节度。

此时，与沈庆之战区毗邻的江州也有山越闹事，武陵王刘骏因而也带领群僚，投入到对山越的作战中。其间，宋文帝又发动了元嘉年间最后一次北伐，沈庆之所部和刘骏所部由于还在征讨山越，便未能参与此次战斗。

北伐结束后，宋文帝就将注意力集中到讨伐五水蛮上。缘江蛮族趁刘宋北伐失败、府库空虚之际，举族兵数万发动叛乱侵犯江州。元嘉二十九年（公元452年）十月，宋文帝派遣沈庆之率领各路人马前往讨伐，到元嘉三十年（公元453年）年初，他又下诏江州刺史武陵王刘骏率领各路军马，与沈庆之会合，武陵王刘骏推进到五洲（今湖北浠水）。

与沈庆之合兵后的刘骏军力大涨,很快,这对老搭档便双剑合璧,击破了元嘉年间山越的最后一次大暴乱。自此以后,山越大规模的暴乱鲜有发生,即使发生也很快就被弭平了。然而,宋文帝却没有时间对此表示欣慰了。同年,他就被自己寄予厚望的儿子——太子刘劭和次子刘浚联合砍死了。

提到此事,史书一贯将其称为又一场"巫蛊之祸"。熟悉西汉历史的读者肯定会记得汉武帝晚年的那场"巫蛊之祸",导致戾太子刘据被杀,皇位最终传承给了武帝的小儿子刘弗陵。刘宋这边也一样,只不过不是老子杀儿子,而是儿子杀老子,顺带延伸出弟弟杀了哥哥满门的惨剧。

事情起因是刘劭和二弟刘浚暗中圈养女巫严道育,令其下咒咒死父皇。那么,刘劭好端端的,怎么脑子就秀逗了,要杀死老爹?借用清朝皇太子胤礽的那句话说就是:"这世上哪有三十年的皇太子啊?"

宋文帝在位很长,很长。南朝以前,掌权三十年以上的皇帝也不过秦始皇、汉武帝、光武帝,寥寥三人而已(注意,说的是掌权而不是在位,五胡十六国及蜀后主刘禅等僭伪之君不算在内)。即使是刘宋王朝之前的东晋王朝,终其一朝都没出现过一个在位超过三十年的,可想而知宋文帝在位时间是何等绵绵无尽期了吧!一个做了近三十年的太子难道不会生出些别的心思么?更何况,刘劭对宋文帝这个父亲还有一个心结,一个关于生母袁齐妫被冷落致死的心结。

当然,搞政变是需要靠头脑的,否则,绝对搞不成。刘劭兄弟俩寄望于怪力乱神便可见他们是缺乏一定智商的,事情很快就曝光了。接下来,主犯严道育逃亡,从犯王鹦鹉被捕,刘劭、刘浚两兄弟被抖搂出来。大失所望的宋文帝倍感痛心,一番思索后,觉得太子势必得废,一个连基本孝道都不懂的人日后如何奉天承命?如何安邦定国?但废了太子要立谁?这又困扰着宋文帝。此时,有必要好好梳理下宋文帝的子系表。

宋文帝一生共有十九个儿子:袁皇后生太子刘劭、潘淑妃生始兴王刘浚、路淑媛生孝武帝刘骏、吴淑仪生南平穆王刘铄、高修仪生庐陵昭王刘绍、殷修华生竟陵王刘诞、曹婕妤生建平宣简王刘宏、陈修容生东海王刘祎、谢容华生晋熙王刘昶、江修容生武昌王刘浑、沈婕妤生明帝刘彧、杨美人生始安王刘休仁、邢美人生山阳王刘休佑、蔡美人生海陵王刘休茂、董美人生鄱阳哀王刘休业、颜美人生临庆冲王刘休倩、陈美人生新野怀王刘夷父、荀美人生桂阳王刘休范、罗美人生巴陵哀王刘休若。其中刘绍出继庐陵孝献王刘义真。

此时，年龄适合（需加冠礼成年）继承帝位的人选大概有六人，即老大刘劭到老七刘宏，此前过继给刘义真的老五刘绍已经病死。而具有帝王之才的有三人，老四刘铄、老六刘诞和老七刘宏。老大老二自然是要被废杀了，而老三武陵王刘骏为何没能入选，主要是他自小就不太讨宋文帝的欢心。

那么，剩下这三人究竟该立谁？宋文帝和两个心腹江湛、徐湛之的意见一直无法达成一致。宋文帝倾心于第七子建平王刘宏，理由是其母曹婕妤是自己晚年所爱，且刘宏也确实上进，爱好读书，文学素养高。宋文帝还给他在鸡笼山上修筑府邸，极尽山水之美。关键是有一个足智多谋之人与刘宏关系密切，此人叫蔡兴宗。也许此时大家对他还很陌生，但后面我们会着重讲到他。

蔡兴宗对废太子一事的预见力很强。早在上一年十二月，刘劭巫蛊事件刚刚爆发后不久，身为中书侍郎的蔡兴宗就问即将赴任的建平王刘宏："时至年末，征北将军此去不知道何时回来啊？"言外之意就是：殿下，您缓缓再走，看眼下这形势，你很有希望被立为太子。但刘宏思考了许久道："不必寄望于今年会回来了。"这话很值得玩味。刘宏是没觉察出蔡兴宗的深意，还是没有兴趣参与夺嫡，抑或对自己被立为皇储信心不足？一切的一切或许只有他自己知道了。

太祖被弑（中）

尽管平时和文帝的腔调高度保持一致，但此刻，徐湛之和江湛两人各自打起了小九九。徐湛之力主随王刘诞，理由是其指挥的西路军在南北大战中立下大功。当然，这是场面话，私底下刘诞是徐湛之的女婿，未来国丈的头衔促使徐湛之这么做。

江湛则主张立南平王刘铄，理由是古人云"立嫡以长不以贤"，老大老二自然是废定杀定了，老三素来不被文帝喜欢，那轮下来就该是老四了。当然，这也是场面话，刘铄实为江湛的妹夫，江湛也是想当国舅想疯了。这么一来，尴尬的事情就出来了。三个人各有各的打算，意见不肯统一。有人要问了，宋文帝是皇帝啊，他下令底下人执行就好了，若真想立刘宏还需要在乎底下人的态度吗？

大家看问题不能脱离时代背景，那是怎样一个时代啊？是一个君权极度衰弱、士族门阀垄断朝纲的时代。即使刘宋于东晋有了质变，可易储问题仍然受到很多牵制。刘裕何许英雄，想废个少帝都无果而终，更遑论宋文帝刘义隆了。宋文帝可以一意孤行立刘宏，但接下来如果连他的心腹都不力挺日后的新君，还能指望其他门阀士族的支持吗？

结果，就在三人的争议中，四天白白浪费了。与此同时，刘劭和刘濬兄弟俩已经磨刀霍霍了。这时，出了件微妙的事情，皇四子刘铄从镇地寿阳入京述职。由于刘劭、刘濬的巫蛊事件在京中已闹得沸沸扬扬，所以刘铄这次进京很快被认定是受了文帝的旨意入京的。当然，也有种可能是刘铄故意为之。在宋文帝举棋不定的时候突然出现，迫使宋文帝立他为储君。

从后面的发展来看，笔者更相信刘铄无意夺嫡，入京也确属巧合。但凡他有一点争位之心，那么，刘劭抢班之后也不会容得下他。进京当晚，刘铄的后院就起火了，王妃和小妾争风吃醋起来，进而被炒成建康城的热门八卦。刘铄失去了竞选资格，可宋文帝还是在刘诞、刘宏之间摇摆不定。这时，刘劭和刘濬再也按捺不住了，利用东宫平时可以有常备军之便，决定立即发动政变，击杀宋文帝。

元嘉三十年二月二十日，刘劭诈称"鲁爽阴谋叛乱，奉命带兵保卫皇城"，令东宫两千甲士披挂整齐，控制了建康城皇宫。然而，就在刘劭出发要去弑父之际，东宫辅官萧斌和袁淑一齐劝阻道："自古未有此事，请太子三思。"

被手下浇了一盆冷水，刘劭怒不可遏，身边侍卫也有拔刀的意思。于是，萧斌，这个曾在南北大战中担当过大任的地方大员立刻表态："臣过去是殿下的幕僚，如今事情危急，我愿尽心竭力，为殿下驱驰。"

这时，曾经在刘义康面前掉过书袋子的袁淑似乎有种语不惊人死不休的觉悟，竟然冒出这么一句："你们懂个屁啊！殿下小时候有羊角风，现在只不过是旧病复发。"这下，刘劭是彻底炸毛了：好好地拉你入伙立从龙之功你不干，居然还把我小时候羊角风的丑事当众说出来了，要死啊！刘劭直接问了一句："你就说吧，我这票能不能干成？"袁淑立刻道："你是人子，处于不被提防的位置，还怕干不成么！只不过干成之后又能怎样？弑父之人，猪狗不如，还不如早点收手。"

刘劭也不理睬，将行动服丢给袁淑和萧斌，让他们换上。袁淑回去后，越想越觉得今天的事情像做梦一样：儿子杀老子？秦皇汉武以来有这种事情么？想不通，便倒头睡去了。

第二天清晨，还在睡梦中的袁淑便被全副武装的将士绑上了太子刘劭的战车，可是袁淑却拽着车门硬是不坐上去。火冒三丈的刘劭立即下令："给我砍了他！"结果上来的武士将袁淑一刀两断，两截尸体被扔到了奉化门外。

尔后，刘劭果然如袁淑所言，凭借不被怀疑的便利条件，一路入宫畅通无阻。张超之等数十人最先冲进宋文帝的西殿。此时的宋文帝和徐湛之因前夜商议到很晚，才睡下。张超之等人的闯入惊醒了宋文帝，猝不及防的他只能举起茶几抵挡砍过来的兵刃。张超之手起刀落，宋文帝的五个指头齐齐被砍下，撕心裂肺的声音也唤醒了徐湛之。张超之随即又补了宋文帝一刀，致其当场毙命。宋文帝的死给徐湛之逃生争取了时间，然而也只有几秒而已。这几秒徐湛之用来做了什么呢？他从床上爬起来跑到窗台前，想夺窗而逃，然后，他就死在窗户边了。

随后赶来的刘劭确认宋文帝已死，便来到东殿，将中书舍人顾嘏传唤来后一顿数落，后将他一刀砍死。此时，还在门下省的江湛得到消息，刘劭控制了皇城，手足无措的他只能躲到一间小屋里。可他又如何能逃得过刘劭手下拉网式的搜索？很快，他也被搜出来，被一刀毙命。

刘劭在宫内大杀特杀之际，守卫皇城的禁卫军也看出了一些端倪，觉得刘劭这是要搞大事情。广威将军卜天与带着手下袭杀刘劭，无奈人数太少，最终被镇压下去了。

接着，刘劭一路杀到潘淑妃的寝宫，将其杀死，完事还把她给开膛破肚，掏出心来看看歪不歪。直到这时，刘劭还在记恨生母当年被冷落之仇，杀红眼的他竟残忍到这步田地，令人发指。

搞定一切后，刘劭又派人传唤刘浚，要他带着自己的私兵前来会师。刘浚虽然收到刘劭发来的消息，却不确定其政变是否已经取得成功，担心这是宋文帝镇压刘劭后诓骗自己的。刘浚听取了下人的意见，带着亲兵前去抢占石头城，静观事态发展。顺带提一下，这时守备石头城的正是老四刘铄。

刘浚成功制服刘铄后，占据了石头城。刘劭考虑得比较全面，派亲信张超之前往会面刘浚。见到张超之，刘浚知道大事已定，便带着部队准备跟去会师。这时，刘浚手下有个叫王庆的说："太子谋反，已经把自己置于天下人的对立面,你此刻应该振臂一呼,率众讨逆。可殿下居然去附逆,晓得不晓得这是不对的啊?"

刘浚却是铁了心要附逆,拔出宝剑喊道:"敢有胡言乱语者,斩首!"

见到刘浚后,刘劭很高兴,说道:"刘湛、徐湛之等人已被我杀了。"刘浚点点头,说:"早该这样了。"刘劭又说:"你母后潘淑妃也被乱军杀了。"刘浚依旧毫不在乎道:"嘿嘿,你开心就好!"

元凶刘劭

刘劭、刘浚会师后，开始召集百官入宫觐见，结果大将军刘义恭和尚书令何尚之一去就被扣下了。其余官员或多或少也知道刘劭阴谋叛乱的消息，只有寥寥数人敢去觐见。望着赶来的几个官员，刘劭泪如雨下，称徐湛之和江湛阴谋杀害自己的父皇，自己赶来为时已晚，好在处死了这俩奸贼。

刘劭姑且如是说，大臣们也就姑且如是听，真相如何众人心照不宣。刘劭当即宣布改元太初，也许是心底有鬼吧，连次年改元的规矩都忘了。

紧接着，即位后的刘劭立刻安排了一套自己的班底，任命萧斌为散骑常侍、尚书仆射、领军将军，何尚之为司空；殷冲为侍中、中护军，殷仲素为黄门侍郎，王正见为左军将军。张超之、闻人文子、徐兴祖、詹叔儿、陈叔儿、任建之等人以及军队将校们，各赐钱二十万。同时，他又派檀和之和刘义基分守石头城和建康城。领导班子确定后，刘劭把自己的心腹一一派往全国各地，明为新君即位，派下属体察地方民情，其实就是想摸摸各地诸侯的底，看看谁和自己一条心，谁和自己不是一条心。

刘劭又给地方实力派进行了一轮册封，加封江州刺史武陵王刘骏为征南将军、散骑常侍，加封南平王刘铄为中军将军（此时，刘铄并未回到寿阳，还在建康城内），加封会稽太守随王刘诞为会州刺史。

需要提一下的是，大家肯定对会州这个名字有些陌生，其实此州是刘劭刚刚分出的。考虑到扬州刺史是自己的五叔刘义恭，为了分他的权，刘劭将浙江东部的五郡从扬州分割出来，设立会州。而此时的雍州刺史臧质也收到刘劭的诏书，要启用他为丹阳尹。

这几个人都是刘劭需要拉拢和提防的对象。老四刘铄此时应该已经归附于自己了，所以他担心的只有老三武陵王刘骏、老六随王刘诞和雍州刺史臧质。刘骏由于是宋文帝三子，继承皇位最有说服力。刘诞则是凭借南北大战中西路军的战功在朝中积累了声望。至于臧质，盱眙保卫战让他名动天下。所以，此三人是刘劭有必要小心提防的。

不久，宋文帝入葬长宁陵，刘劭追谥其为中宗景皇帝。不过，这个谥号并没有用多久，很快刘劭就倒台了。他一倒，天下也就变了。

就在天下即将风云变幻之际，两件奇事出现，给这段血腥历史增添了一丝另类幽默。

首先是武陵王刘骏那边。当刘劭在京城发动政变时，刘骏正驻军五洲，沈庆之率部从巴水前来，共同研讨针对山越的下一步军事行动。这时，突然有个神秘的和尚找到刘骏的主簿颜竣，说自己通晓天机，您家主子武陵王日后是要做皇帝的。颜竣觉得这人莫名其妙，估计是来讨个赏钱的，倒也没有搭理他。

而刘劭这边，也有个太史令精通术数。他在刘劭兵变前一天，提醒宋文帝，说东方有刀兵之象，请求陛下早做准备。宋文帝没有放在心上，结果被杀了。后来，刘劭得知这件事，便问太史令："我能当几年皇帝啊？"太史令说："也就百日而已。"言外之意，你这皇位坐不长。结果，刘劭一怒之下斩杀了太史令。

再说刘骏这边。当年三月，刘骏派去回京述职的典签董元嗣平安返回江州。不过，他一回来就带来刘劭弑君的惊天消息。刘骏召开文武大会，一时间没有商议出对策，便让董元嗣回京，向刘劭传达自己拥护他的决定。但是，进山讨贼的沈庆之的突然到来却改变了刘骏的主意。沈庆之在听完京中变故后，强烈建议刘骏举义兵，讨伐刘劭。沈庆之还在军营里鼓动说："萧斌这家伙就像个娘们儿，当初南北大战时还居然当上了一方指挥。而刘劭其他的手下连萧斌都不如，更多人是被迫附逆的。如今，我们首倡义举，必然能成功。"

刘骏的举动自然逃不过刘劭安插在其身边的眼线。在了解刘骏的意图后，刘劭派人悄悄给沈庆之送了一封信，一封刘劭的亲笔信，他要沈庆之做的就是杀掉刘骏。接到信后，沈庆之前去求见刘骏。刘骏此时的表现很反常，居然推辞病重，不敢见沈庆之。试想一下，一个正在紧张筹备起事的人，怎么可能突然不见手下最得力的干将？唯一的可能是，刘骏其实也在沈庆之身边安插了人，所以刘劭给沈庆之书信的事，刘骏也提前知道了。那么，在摸不清沈庆之态度的情况下，刘骏推脱不见是有可能的。但沈庆之这时却等不了了。他从门外冲进屋内，将刘劭给自己的亲笔信拿给刘骏过目。刘骏看完之后，哭了，哭得很伤心，哀求沈庆之允许自己回到后堂与母亲路惠男诀别。

很多人就此认为刘骏胆小懦弱、贪生怕死，其实不然。根据心理学描述，当外来威胁远高于自身的承受能力，铁汉也会崩溃。当刘骏知道刘劭有意招安沈庆之的时候，他的内心是惶恐和忐忑的。在还未能做出应对措施时，沈庆之就找上门来，换任何人都会手足无措。他不知道沈庆之的态度，但沈庆之推门而入的刹那，也许刘骏的第一反应是，这家伙被招安了，肯定是来杀我的。尤其是当沈庆之掏出信件时，他更加笃信对方叛变了。面对一个在刘宋王朝大小阵仗中屡立战功的猛将，刘骏是根本没有放手一搏的胜算的，失禁而哭也属正常。这与在彭城时不同，那时他至少有那么多兵将围着。如今，他独自一人面对沈庆之，从他哭完能淡然面对死亡已是很难得了。

接下来，沈庆之的行为让剧情呈现出一百八十度大逆转。沈庆之说："先帝对下官恩深义重，但今日之事实力说了算，强者为王。殿下，你何故对我怀疑啊？"这话向刘骏透露出这么一层意思：我受宋文帝恩惠，对他效忠是应该的，但刘劭这个逆子有何恩德于我？而且如今的局势是强者为王，咱们力量强，何必怕他。至于我，肯定和你是一条心的！

剧情变化太快，刘骏的小心脏着实承受不住，一句话没说，而是跪下来，一个劲地给沈庆之磕头道："国家安危，全部系于将军！"尔后，沈庆之在江州境内全面戒严。

　　有人会好奇，这个沈庆之真是个榆木脑袋，跟谁混不是混啊，当真是为了给宋文帝效忠？非也，沈庆之不但不是榆木脑袋，而且很聪明，知道刘劭自从弑父那一步走出后，人心就散了。而且，他也很自信有扳倒刘劭的能力，到时立下从龙之功，自己就是"一人之下万人之上"了。更重要的是，刘劭今日能让自己杀刘骏，他日难保不对付自己，毕竟连自己父亲都可以杀的人，还有什么底线可言？

三方同盟

刘骏想要起兵的心思被主簿颜竣获悉。颜竣找到刘骏道:"小王爷啊,咱们这事说好听了那叫首倡义举,说难听了就是造反。既然造反了,我们就得广邀盟友助拳啊!要不咱们先联络盟友,再定时间起事?"

沈庆之当场就骂颜竣道:"呸,你小子这点觉悟还行义兵?等你联络好盟友,刘劭早就组建好军队把我们镇压了。你这样的人该杀!"见此情形,刘骏赶忙让颜竣给沈庆之道歉。沈庆之不痛不痒地说了句:"你小子只需要负责起草讨伐文书就行了。"尔后,刘骏委任沈庆之着手起兵事宜,仅仅半个月,沈庆之便打造出了一支义兵。

紧接着,元嘉三十年三月十七日,刘骏登台誓师,任命沈庆之为司马,朱修之为平东将军,柳元景、宗悫、颜竣为谘议参军,刘延孙继任浔阳太守,负责留守江州。沈庆之、柳元景、宗悫这三个讨伐山越的神将再次齐聚一堂。而刘劭手里所能用的只不过是一个无能的萧斌,这样的对垒结果就不言而喻了。

江州派系这边一动,荆州派系那边也运作起来了。身在荆州的南谯王刘义宣也不承认大侄子篡来的皇位,刘骏那边一动,他也响应了。而毗邻荆州的雍州刺史臧质、司州刺史鲁爽也一同起了兵。

当初,刘劭想拉拢臧质,有心招他入朝为官,哪知臧质带了五千兵马就去江陵拜见刘义宣了。与沈庆之一样,臧质也想在这乱世立下从龙之功,但自己和刘骏不对付,他便有心扶持刘义宣登基。一进江陵城,臧质就对刘义宣行了跪拜大礼,把后者吓了一跳,半天才说:"哥哥,你何必要给弟弟磕头啊？"臧质是刘裕外甥，和刘义宣是表亲，但臧质比刘义宣还大了十岁。望着傻乎乎不懂配合的刘义宣，臧质一口回应道："本应如此，此行是请定君臣之分的。"

为了再给刘义宣送一份大礼，除了拉拢司州刺史鲁爽南下，臧质还派人秘密联络柳元景，要求他脱离刘骏方面的江州军，率部西进与荆州军汇合。立场问题柳元景还是懂的，他不但向刘骏通报了此事，还一身正气地对来使说："回去告诉臧将军，也许他不知道，殿下已经起兵讨逆了，所以也理应由他带兵前来归附。"

柳元景拒绝入伙的态度让臧质很不爽，但更不爽的是刘义宣的唯唯诺诺、毫无主见。没过多久，刘义宣竟然发出声明，表示荆州方面绝对拥护刘骏的领导，自动放弃了争位之心。

得到刘义宣的拥护，沈庆之和柳元景纷纷劝身在浔阳（今江西九江）的刘骏火速即位。刘骏觉得有些操之过急了，没有答应他们的请求。这时，刘劭似乎还对沈庆之心存幻想，再次派人意图拉拢，却被沈庆之绑了交给刘骏。

三月二十七日，刘骏将颜竣起草好的讨逆檄文分发各地，要求大家一起讨伐逆贼刘劭。刘义宣方面的荆州军派出臧质东下，与江州军一起进攻建康。面对刘骏的来势汹汹，刘劭也在竭力拉拢自己的人马。他命令原兖冀二州刺史的萧思话调任徐兖二州刺史，率部从历城（今山东济南）南下彭城（今江苏徐州）。可是，萧思话到达彭城后，立刻反正，派手下去和刘骏联络，说："下官在历城听闻先皇突然暴毙，不清楚情况，结果被元凶刘劭所骗，担任了他的官僚。南下彭城之际倒也听到了一些传闻，如今又听闻殿下兴义兵，下官愿意与殿下一道诛杀此等畜类。"为了向刘骏表忠心，萧思话命令辅国将军申坦、龙骧将军梁坦各领五千人马分水陆两路南下建康，同时令留守历城的建武将军垣护之也领兵前来会师。

与此同时，被刘劭刚刚任命为青州刺史的张永也被南谯王刘义宣策反成功,加入到讨逆军行列。刘义宣策反张永成功后,又顺利策反了豫州刺史刘遵考。刘遵考派部下夏侯献领军进驻瓜步山。紧接着,北方的张永和萧思话反正了,在刘劭的南方——刚刚被任命为会州刺史的刘诞也反正了。

眼看着普天同叛了,刘劭才知道害怕,赶忙在京城实行戒严,部队全由萧斌指挥。尔后,刘劭又将民兵分离,并把诸王、大臣悉数迁到城内控制起来。刘义恭和刘骏诸子及刘义宣诸子都被软禁在不同地方。

不久,刘劭方面接到刘骏的讨逆檄文,声称刘劭和刘濬弑父夺位,天人共愤,并告知冠军将军柳元景、宁朔将军马文恭领兵三万,直扑石头城;辅国将军宗悫及征虏将军沈庆之统帅后军,以为声援。然后,刘骏又声称,荆州刘义宣、雍州臧质、司州鲁爽、会州刘诞等人的部队合计有百万,已经将建康城铁索合围了。

这道檄文多少有点吹嘘了。当初,南北大战时刘宋所能调动的兵力也不过三四十万,此时,他又岂能调来百万大军?不过,刘骏此刻也遇上了难事,大军出发后不久他便身染重病,和宋文帝执政中期那段时间一样,最严重时连饮食汤药都要人伺候。这时,主簿颜竣成了军中的"影子刘骏",一些军报和各地发来的文书都由他处理,各地归附人员也是他隔着帘子接见,就连每日给宋文帝哭丧也由他代劳了。除了处理政事,给刘骏端茶送药的杂事也由颜竣一手包揽,为了给刘骏喂药,他还把刘骏抱在膝头,一勺一勺喂下去。这么下来,颜竣冒充主帅的行径甚至骗过了刘骏身边的贴身卫士。

第三章 ⊙ 夺来的帝位

东进建康

看了刘骏的檄文,刘劭很不是滋味,便让老二刘浚写了封信给老三,大致内容如下:小弟何故突然发布这种蛊惑人心的檄文?你知道不,你起兵造反的消息传来,将士们纷纷怒不可遏。自古以来犯上作乱者,哪个有好下场?弟弟你也是博览群书的,怎么不以史为鉴?再说,皇上和我小时候对你多好,你怎么能听信谗言忤逆我们呢?现在,京城的水师集结完毕,皇上和五叔刘义恭将亲自率领大军,而我和乌羊(刘铄小名)也将随军出征。出于兄弟情深,我们劝你能回心转意,迷途知返。要知道,皇上对法师(刘子业的小名,刘骏长子)这个孩子很喜欢呢,如今,弟弟也一定很挂念这孩子,他就在宫中,等着和你团聚呢!

刘浚这封信绵中带刚,先是站在道德制高点痛斥刘骏,尔后又虚夸自己这边的军力,完事还不忘把刘子业拉出来威胁一下刘骏。面对刘劭的"安抚信",刘骏理都不理,当然,也可能是大病未愈,无力搭理。总之,这封信彻底把刘铄拉上贼船了。因为刘浚那句话,刘铄成了元凶刘劭的同党了。

看到刘骏这边不表态,病急乱投医的刘劭打算在建康城内进行大清洗,把凡是从雍州、荆州、江州来的人士通通杀光。而这时刘义恭出来劝说了:"自古以来做大事的人都不会顾及家眷,而那些兵士大多是被裹挟着参加叛乱的,你现在突然之间要杀光那些地方的侨民,一来造成恐慌,二来也会坚定他们反抗的决心。"

刘劭听了,觉得有些道理,便下诏不再处置这批人。这时,刘浚和萧斌提议刘劭主动出击,率领京中水师和刘骏部队决一死战。可刘劭从未御驾亲征过，心里有些发怵。刘浚等人又建议刘劭率领舟师堵死梁山（安徽和县西梁山），可刘义恭又发话了："小贼刘骏年少气盛，不懂军事，他远道而来，我们正可以以逸待劳。如果皇上御驾亲征或是把舰队开去舟山，那东南方的刘诞可要乘虚而入了。我们还是效仿高祖当年对付卢循的招数，立木栅阻塞道路，固守建康城等待敌军自行退散吧！"

从刘义恭的两次发言，我们已经可以窥测出此时的他已是刘宋版的"项伯"。然而，对于刘义恭的建议刘劭还听得头头是道。此刻，萧斌急了，道："武陵王不过才二十岁，居然能干这种扯旗造反的事情，岂能是你说的小贼？如今，三王同叛（刘义宣、刘骏、刘诞），武陵王军中的沈庆之、柳元景、宗悫等人个个都是人才，说话又好听，很多人愿意归附他们。趁此时我们士气未泄，或可一战，端坐皇城，必死无疑。"

刘劭听了萧斌的话不以为然，感觉手下人未必对自己忠心，打不了硬仗。但是，刘劭也对固守石头城的做法予以否定，他说："以往他们固守石头城能成功是因为各地有勤王之师来此。而我一旦固守石头城，谁肯救我？我只有决一死战才有机会获得成功。"

为了能和刘骏决战，刘劭每天都从府库内拿出金银犒赏将士，还给手下分封官职，南平王刘铄被封为使持节、都督南兖兖青徐冀五州诸军事、征北将军、开府仪同三司、南兖州刺史，建平王刘宏被封为散骑常侍、镇军将军、江州刺史，辅国将军檀和之被任命为西中郎将、雍州刺史。

然而，刘劭这么做也没什么用，愿意挺他的不会因为受到点封赏就忘乎所以，想背弃他的也会自觉脱离他的阵营。这一番封赏过后，已经贵为太尉的庞秀之出逃了。

四月中旬，刘骏的部队已经进抵安徽境内。安徽宣城太守王僧达面对黑压压的义军，开始摇摆，不知该投靠哪一边。熟悉地理的读者都知道，安徽的宣城即是安徽的东大门，与南京挨得很近了。这时，王僧达的亲信给他出了三条建议：上策，主动投诚刘骏，并策反周围州郡；中策，弃郡县，自己出逃到武陵王军中；下策，和刘骏铁甲雄师死磕，最后成为炮灰。王僧达权衡了一下，连夜带着亲信逃到了刘骏军中。

刘骏看到王僧达弃城来投，很高兴，当即任命其为长史。宣城没了王僧达，很快就被义军攻下。三日后，柳元景的先头部队抵达了江宁。尔后，他下令部队登岸北上，经板桥到达阴山。薛安都率领骑兵在秦淮河南岸扎下营寨。薛安都的骁勇威震中华，此时的他横枪策马，厉声质问城头的守将："你们良心何在？居然要给弑父的畜生效忠！"

这时，柳元景再次发动其强大的演说感染力，给城内的守军进行爱国主义宣传，让他们背弃刘劭，转而投向自己这边。不少守城士兵趁着夜色悄悄从城头上吊下，投靠到了刘骏的义军中。

四月十九日，刘骏的主力部队已经到达新林浦。刘劭登上石头城就能望到近在咫尺的义军，黑压压一片，势如破竹。两日后，柳元景的先头部队又推进到新亭，与宗悫扎营在新亭东西两侧，互为犄角。

此时，柳元景的一举一动也被刘劭方面察觉了。刘劭军中的龙骧将军詹叔儿将柳元景扎营的事情汇报给刘劭，请刘劭趁机发起进攻。刘劭觉得是出手的时机了，便命令萧斌和褚湛之分率水陆两军一万人，前去进攻柳元景所部。然而，柳元景死守营垒，和刘劭的部队进行了激烈交战。凭借刘劭丰厚的赏赐，突袭部队爆发出惊人的战斗力，但在作战经验丰富的柳元景和宗悫面前，这样的攻击显然是不够的。当刘劭军攻势减弱时，柳元景瞅准机会，率军全线出击，刘劭军彻底崩溃，淹死在秦淮河中的士兵不计其数。

刘劭率领着自己的主力人马前来支援，却遭到溃败的残军冲击，很快乱了阵脚。柳元景又趁机大杀一番，刘简之、姚叔艺等将被斩杀，萧斌负伤，刘劭仓皇逃回城内。经此一战，城内更加人心惶惶。褚湛之率领水师投降义军，随后檀和之和鲁秀也连夜出城投奔义军。就连刘劭的五叔江夏王刘义恭也起了出逃的心思。他原想夺下石头城向义军邀功，哪知此时的石头城正好是萧斌守备。元嘉三十年四月二十四日，刘骏坐镇江宁，亲自指挥手下攻城，刘义恭再也坐不住了，单骑从建康东掖门逃出。

刘义恭的出逃对刘劭军的影响是毁灭性的，集团第三号人物都走了，余者还能指望谁呢？震怒之下，刘劭只能将刘义恭在京的十二个儿子全部诛杀泄愤。

第三章 ⊙ 夺来的帝位

百日天子（上）

屠杀过后，刘劭才发现此时自己手里已经没什么牌可打了，狂暴渐渐被心底的恐惧掩盖。他们又搬出了之前那套怪力乱神的招数，一边拜佛祈求被庇佑，一边下蛊诅咒刘骏早死。

那么，这样做有用吗？当然是毫无作用啊！刘骏非但没受诅咒影响，此前的病还都好了，关键是，他居然就在建康城外围——称帝啦！

元嘉三十年（公元453年）四月二十七日，武陵王刘骏在建康城外围的新亭即皇帝位，追谥亡父宋文帝为太祖文皇帝，取缔刘劭所追谥的中宗景皇帝一称。尔后，刘骏册封刘义恭为太尉、录尚书事、南徐州刺史。文官各加官一等，武将加官两等。而远在荆州的南谯王刘义宣也被加封为丞相、录尚书事、扬州刺史，原雍州刺史臧质封为车骑将军、江州刺史，原会州刺史刘诞封为卫将军、荆州刺史，原徐兖刺史萧思话晋升为尚书左仆射。

当然，对沈庆之、宗悫、柳元景这类实干派，封赏肯定也不能少。沈庆之被封为领军将军，柳元景为侍中、左卫将军，宗悫为右卫将军，就连投降的宣城太守王僧达也被封了尚书右仆射。刘骏当初的主簿张畅被封为吏部尚书，给自己做了一个月替身的颜竣也被封了侍中。

元嘉三十年五月一日，刘义宣派来的臧质部两万兵马与刘骏会师，东面的刘诞也到达了曲阿。刘劭准备趁着刘诞兵少，吃掉他的部队，又命庾道和朱和之两人进军曲阿。行军至奔牛塘（今江苏武进）时，刘劭军与刘诞军相遇。这时的刘劭军战斗力已经急剧下降，居然被刘诞军给一口吃掉了。兵力极度虚弱的刘劭只能强征男丁入伍，然后以战舰分列四周，阻碍义军攻势。

刚刚投降的鲁秀急于表现,亲率五百将士攻打战舰,一举破了刘劭的战舰阵。最后的杀招都失败了,刘劭大军算是彻底放弃抵抗,秦淮河外围一线刘劭军全体投降,武器丢满四周。刘劭还想做最后的抵抗,下令皇城六门紧闭,以拒刘骏。

这么一来,还在守卫石头城的萧斌就尴尬了,顿时成了皇城外围的一座孤岛。见到四面楚歌,萧斌也举起了白旗,向义军献出石头城请降。可是,在刘骏的檄文里,萧斌是逆贼名单里的第三位,仅次于刘劭和刘濬。所以,萧斌的投降结果是斩首示众。

搞定了石头城,义军在太尉刘义恭的统帅下,对皇城发起了总攻。鲁秀攻宣阳门、薛安都攻阊阖门、臧质攻广莫门……在义军强大的攻势下,皇城六门顷刻崩塌。义军在大殿上抓住了砍杀宋文帝的张超之,将士们将其斩杀之后,开膛破肚、挖心取肝、寸裂其肉、焚烧骨头。刘劭则在逃亡过程中被禁军队长高禽捉住。刘劭还心存侥幸,喊道:"我是天子的哥哥,带我见天子!"于是,高禽就把刘劭带去新亭的刘骏军营中,臧质见到刘劭后突然哭了起来。

臧质的这一举动着实令人感到费解。从以往的履历看,他是个野心家,但不是个情感细腻的人物。而且,论关系亲疏,他是臧爱亲那一支的,也就会稽长公主和他亲一些,宋文帝的其他几个兄弟和他的关系都较为淡漠,更别说小辈了。所以,臧质的这一哭,让人惶惑。

不过,刘劭倒是比臧质看得开,他说:"我是个天地不容的人,表叔何必为我伤心流涕?"臧质问起刘劭弑父的原因,刘劭说:"父皇当初冤枉我,想废了我。我不想束手就擒,沦为阶下囚,所以问计于萧斌。萧斌让我这般做了,我便这般做了。"刘劭倒挺会做甩手掌柜,当初明明是自己逼着萧斌上贼船的,这边又成了萧斌蛊惑自己。不过,和臧质的对话里,刘劭好像嗅到了可以活命的气息,再次软了下来,对臧质说:"要不表叔你帮我说说情,把我流放远处呢？"臧质只淡淡地说了一句："陛下在朱雀桥南，他自有决定。"尔后，臧质将被捆绑的刘劭系于马上，送入军营。

另一方面，刘濬和刘铄两兄弟带着几十名随从从西明门逃了出去，正好撞上五叔刘义恭。刘濬吓得从马上下来，问道："武陵王现在是什么官啊？"刘濬能如此问说明他消息闭塞得很，竟然连刘骏已经称帝都不知道。刘义恭旋即说："我等无主，四海无君，群臣已经上奏请圣上即大位了！"结果刘濬又来了句："那我现在归顺，是不是晚了些？"刘义恭直言道："确实很晚。"刘濬又问："应该不会杀我吧？"明显又是脑子短路的问题。且不说刘劭弑父过程中他起了推波助澜的作用，单就他作为元凶集团二号首脑，也是死路一条。三号首脑萧斌的下场已经摆在那儿了。刘义恭故意讽刺他道："要不你去皇上面前请罪看看？"刘濬有些沾沾自喜了，道："也不清楚会不会赏我个一官半职啊？"刘义恭冷冷地说了最后一句："这不知道啊！"就再没和刘濬说话了，因为刘濬已经没机会说话了——在半路上他被刘义恭诛杀。刘义恭为什么杀刘濬？原因很简单，刘劭连杀刘义恭的十二个儿子，恰恰就是刘濬的主意。

百日天子（下）

刘义恭杀完刘浚后回来复命，正好与刘劭碰面。他狂怒地问大侄子："我不就是及时弃暗投明了么！你居然连杀我十二个儿子，什么仇？什么怨？"刘劭也不怂，直接道："几个堂弟是我杀的，这事儿我认。"刘义恭骂完，其他那些被害者家属也跟着骂。刘劭的脸面绷不住了，死到临头还摆谱："你们这些鼠辈跟着瞎喊什么？懒得理你们！"为了给这个不识相的大哥敲响警钟，刘骏随即下令将刘劭的四个儿子全部诛杀，还当着刘劭的面行刑。

然而，面对自己儿子被杀，刘劭居然冷冷地对一旁的刘铄说："这又有什么啊！"虎毒不食子，对于儿子的死亡冷漠到这种地步，也难怪会做出弑父的举动了。结果，杀完儿子轮到刘劭自己了。这时，他又害怕了，居然喊道："真想不到我们宗室间的自相残杀到了这步田地啊！"

尔后，刘骏又派人赐死了刘劭、刘浚的女眷。当然，整件事情的始作俑者严道育则被袒露街市，用鞭子抽打致死。官军将这些逆贼的尸体在石头城下焚毁，骨灰撒入长江。至此，刘骏正式成为建康城之主，也就是后来我们所说的宋孝武帝。

回过头来，再次审视该事件。有人说错在刘劭，有人说错在刘浚，也有人说错在宋文帝本人。那么，宋文帝作为这次事件的最大受害者，有错么？答案是肯定的，但他的错误不是废太子，而是没有把废太子这件事做漂亮，反而惹祸上身。那么，刘劭在这件事中充当了罪魁祸首，假如没有这件事，刘宋王朝能否因他的即位而走向良性循环？要解决这个问题，首先得弄清元凶弑父事件对刘宋王朝到底造成了怎样恶劣的影响。目前，史学界认为，刘劭弑父开启了南朝宗室相残的先河，引发了南朝后来的政治大动荡，实在是遗祸千古。那么，事实当真如此？好像不是，如果刘劭弑父案开启了南朝宗室相残的先河，那首先得确立这是首案。这件事是首案么？肯定不是，宋文帝赐死刘义康才是首案。错误的前提如何能得出正确的结论？那么，假设这个前提成立，后面的结论会是正确的么？当然也不是，我们得挖掘下南朝宗室骨肉相残、政局动荡不已的根本原因。社会动荡的根本原因源于政治架构的不稳定性，北齐胡汉尖锐的对立矛盾是北齐屡屡发生大规模官场倾轧事件的根本原因。

那么，南朝屡屡发生宗室倾轧，政局不稳的根本原因是什么？那就势必要分析南朝社会的根本矛盾，它和北朝胡汉对立的尖锐矛盾不同。南朝的社会矛盾很多，有侨民和土著民的矛盾、有北伐派和偏安派的矛盾、有兵头和文人的矛盾、有士族和庶族的矛盾……然而，这种种矛盾中，只有士族和庶族的矛盾才是南朝社会的第一大矛盾。

南朝社会是中国社会的转型期，是封建士族政治过渡到封建庶族政治的关键期。士族与庶族的斗争，贯穿了南朝整个社会进程。

宋武帝刘裕出身寒门庶族，自建国日始，便大力扶持寒门子弟。他安排的四位顾命大臣，寒门就占了三席，唯一的谢晦也是陈郡谢氏的偏门。寒门子弟突然登上政治舞台，久贫乍富的他们立刻表现出了难看的吃相，间接引发了废黜宋少帝一事。掌权之后的宋文帝对寒门在一段时间内持抵触情绪，但开明的他也意识到，庶族地主阶级取代世族地主阶级是历史的必然。所以，宋文帝究其一生都努力在士族和庶族之间寻求平衡，而在士族庶族之间起调和和牵制作用的就是宗室。宗室—士族—庶族，三者之间形成了一个看似稳固的三角关系，而士族和庶族的尖锐矛盾也因宗室的介入，从台前演化为幕后，从直接变为间接。可是，要稳定这个三角关系，皇帝必须有过人之才。依宋文帝的权术手腕尚且步履维艰，那后世之君多有不如他的，自然更难以玩转这个三角关系。这才是南朝宗室屡屡内讧、政局动荡不已的根本原因，宗室在士族和庶族争斗中成了牺牲品。

退一万步来说，单就刘劭个人能力来看，他也不具备调和两方矛盾、稳定三角关系的能力。简单来说，他手下所用的萧斌之流能比得过刘骏手下的沈庆之、柳元景么？他能得到宋文帝宠臣兼重臣徐湛之、江湛的拥护么？缺乏政治力量支持的他凭什么能坐稳这个位置？从他敢于弑父的行为也能看出其心胸狭窄，即使日后坐稳了皇位，也必然会引发皇室间的内讧。

客观来说，刘劭事件对南朝的影响确实没有以往观念中的深远。然而，随着刘劭的灭亡，辉煌的元嘉时代结束了，刘宋王朝开始走上下坡路，却是不争的事实。"遥望建康城，小江逆流萦，前见子杀父，后见弟杀兄。"这句在江南大地上飘荡的童谣宛如一道恐怖的诅咒，笼罩着这个烟雨迷蒙的台城，氤氲着这座带着六朝金粉气息的金陵古都。

第三章 ⊙ 夺来的帝位

顺昌逆亡

刘劭集团的骨干分子在刘骏的第一轮清算中基本殒命。然而，也有少数一些人暂时逃过杀戮，事后又被列入清算对象中，比如刘骏的四弟刘铄。作为外界传闻中宋文帝有意易储的潜在对象，他的存在于孝武帝刘骏来说是很有威胁的。如果真像人们传言的那样，刘骏杀他单纯是出于私心，那倒也是误解刘骏了。

诚然，大明年间的刘骏确实腐化了，可目前他还处在刚刚即位的适应期，做任何事情必须拿出令人信服的证据。细翻史料，刘骏杀刘铄是有理有据的，原因很简单，他附逆。刘铄附逆不是由于别人的栽赃，而是货真价实的。刘劭弑父后不久，他就归附了刘劭。尔后，当刘劭集团的不少将领纷纷弃暗投明时，刘铄却始终站在刘劭、刘浚一边，直到最后和刘浚一同出降。更早的时候，拓跋焘掀起南北大战，刘康祖面对十倍于己的拓跋仁部死战一日夜，而身在咫尺的刘铄却在寿阳城内作壁上观。坐视国土沦丧，是为不忠；附逆弑父之人，是为不孝。这样不忠不孝之人，不是死有余辜么？刘铄也深知自己势必不被刘骏所容，终日惴惴不安，最后忧惧交加而死。当然，也有说法是说刘骏毒杀了刘铄。

帝王之道，杀一批，提一批。刘骏前脚杀了刘铄，后脚就对参与讨逆的盟友进行封赏。此前，在称帝时对盟友的封赏过于仓促，此时坐稳宝座的刘骏又重新调整了各个将领的官职。首先需要进行封赏的是刘骏仅存的两位叔父——五叔刘义恭和六叔刘义宣。

刘义恭有弃暗投明的觉悟，外加拥护刘骏称帝有功。而刘义宣更是起义军力量的重要组成部分。但两人一人在朝，一人在野，又都有相当大的势力，如何封赏需要拿捏尺度。刘骏将刘义恭任命为太尉、录尚书事、南徐州刺史，刘义宣则被封为丞相、录尚书事、扬州刺史。这么一来，刘骏等同于把两个叔父都拉进了中央，同时，他们的镇地又都在京师周围。可作为坐拥荆州十年、兵强马壮的刘义宣又如何甘愿舍弃这么大的家业而入居朝堂呢？所以，刘义宣拒绝了。当然，也正是刘义宣的这次拒绝，为日后的内战埋下了伏笔。为了获得日后开战时五叔的支持，刘骏索性将扬州刺史也赏赐给五叔了。

封赏了两位叔叔，接下来是几位弟弟了。刘劭、刘濬、刘铄阴谋叛乱，已经付出了生命的代价。而作为此次义军另一支中坚力量的随王刘诞，也如愿以偿地被封为侍中、骠骑大将军、竟陵王，后来又得了刘义恭扬州刺史一职。

从刘骏的一番封赏来看，此时的刘宋权力被分割到三巨头手中。刘骏作为新君，自然是其中一级，此刻更加入了刘义恭的势力；而刘义宣坐拥荆楚大地，自然成了另一极，而且司州刺史鲁爽和雍州刺史臧质也是刘义宣的铁杆支持者；还有一极则是竟陵王刘诞，其力量是三者之中最弱的，但也不乏忠于自己的骨干人马。

纵观孝武帝一朝的两次内战，无外乎是由这政治三巨头引发的。后人在看待这两次内战时，总是坚持认为是孝武帝的刻薄寡恩和治国无力酿成了这些悲剧。殊不知，政治架构的失衡不会因政治家的长袖善舞就能摆平，要构筑平衡的政治架构只能推倒重来，否则李中堂当年也不会悲戚地只做个糊裱匠了。

因为缺乏实力，起兵之际的刘骏只能依赖于各方人马。这些人马在争位战中立下了汗马功劳，自然会索求更高的政治权力。然而，刘骏却让刘宋王朝这艘大船在惊涛骇浪中颠簸前行了十年，而这其中的政治手腕却不为外人所知。那么，孝武之世究竟是一个怎样的时代呢？魏收和司马光认为是"桀纣之世"，沈约认为是"腐化之世"。而笔者则愿借用狄更斯那句名言来概

第三章 ⊙ 夺来的帝位

括:"这是最好的时代,亦是最坏的时代!"

　　刘义宣、刘义恭、刘诞这三个重量级人物安排完了,接下来就该针对刺史一级的人了。刘骏随即划了一道红线,一边是在此次讨逆行动中积极响应自己的,一边是保持沉默或是附逆之流。对于骑墙派和附逆之流,刘骏向来有刀必诛。很快,益州刺史刘瑀被召回中央,原梁州刺史刘秀之顶替了他。尔后,分别任命垣护之为青州刺史、申恬为冀州刺史,顶替了原青冀刺史刘兴祖。而在运动中表现积极的吹牛天才王玄谟和心系中华的朱修之则被分别封为徐州刺史和雍州刺史。原徐兖刺史萧思话虽然也表现积极,但刘骏总觉得他和萧斌同宗,且是个战争投机分子,所以他手下都升任刺史级别了,反倒是他被拉回中央当了中书令、丹阳尹。当然,刘骏的直觉是对的,萧思话有个下属叫萧道成,正是这个暗藏狼子野心的家伙日后终结了刘宋王朝。

　　此外,对于依附于刘义宣的臧质、鲁爽、鲁秀三人,刘骏也做了合理安排。臧质亲自带兵前来,立下从龙之功,被封为始兴郡公、都督江州诸军事、车骑将军、开府仪同三司、江州刺史。刘骏把臧质从偏远的雍州拉到毗邻京师的江州,一来是为了示恩,二来也是为了监控。而原司州刺史鲁爽因功封为使持节,督豫、司、雍、秦、并五州诸军事、左将军、豫州刺史,镇守寿阳。鲁爽的弟弟鲁秀则是临阵倒戈有功,加封为左军将军,都督新蔡、汝南、汝阳、颍川、义阳、弋阳六郡诸军事,辅国将军,司州刺史,领汝南太守。

　　这样一来,等于是刘骏的外围,除北边的徐州、兖州,南边的会州、广州,西面、西南、西北都是刘义宣的人马了。刘骏能做出这一举措,显然需要很大勇气,伴虎而居虽能有效把控猛虎,但稍有闪失也会遭来猛虎的反噬。为了顺带恶心一下刘义宣拒不奉诏的行为,刘骏将湘州再次与荆州分割。虽然刘义宣暂时还是统领两州,但既然土地分割了,也就意味着日后说不定其中一州就得让人了。

一朝臣僚

刘骏对自己在江州时代的一套班底自然也颇为照应。在封赏完地方大员后,他又将目光转向自己的臣属。作为刘骏集团成员,最先受到封赏的必然是沈庆之。沈庆之被任命为督南兖、豫、徐、兖四州诸军事,镇军将军,南兖州刺史,常侍如故,镇盱眙,封南昌县公。南兖州之前曾经被裁撤,区域大致为江北一带,如今给沈庆之安排在那边,实际也是起到拱卫京师的作用,一旦遇警,及时驰援。

沈庆之以下,二号人物必然是柳元景。刘骏即位后,即任命其为领军将军、曲江县公、加散骑常侍。三号人物宗悫则被封为左卫将军、洮阳侯。而薛安都因为在历次作战中奋勇争先立下赫赫功劳,也被封为右军将军、南乡县男。

分封了诸将,刘骏还顺势提拔了一批寒门文士,其中比较出名的要数戴法兴和颜师伯。戴法兴,出身低微,其父只不过是个苎麻贩子,少年时代便是和父亲一样靠贩卖苎麻为生。就是这样一位小贩因缘际会进入了尚书省负责记载一些仓库物资,而后又被刘骏看中,做了记室掾。紧接着,戴法兴的官运就和刘骏的命运绑在了一起,随着刘骏的步步登顶,他也一路做到南台侍御史、中书通事舍人等职位。

乍一看,戴法兴的官职并不是很高,但是恰恰是那种最接近皇帝的职位最容易掌握大权。"寒门掌机要",这个默认的潜规则贯穿了刘宋整个王朝。虽然有时他们也会在寒门和高门之间徘徊,但循其本心,他们还是认识到这一潜规则的前瞻性。

比如说宋文帝时期的徐爰,从某种意义上,他也一度担当过戴法兴的职务，但徐爱的周期很短，远不能和戴法兴相比。不过，由于刘骏登基典礼时，徐爱出了不少力，所以终刘骏一朝，徐爱的仕途还是过得很平坦的。顺带提一句，这个徐爱也很能活，一生历经了东晋安帝、东晋恭帝、刘宋武帝、刘宋少帝、刘宋文帝、刘宋元帝、刘宋孝武帝、刘宋前废帝、刘宋明帝、刘宋后废帝前后十位皇帝，虽然权势没有后世的冯道显赫，但人生历程可谓异彩纷呈。

除了戴法兴，另一个要提一提的就是颜师伯。说起颜师伯，大家或许还很陌生，但说起颜竣，很多人肯定都有印象。当初刘骏起兵时，要是没有这个"影子刘骏"在外边帮衬，事情只怕还得出纰漏。刘骏即位后，封颜竣为左卫将军、建城侯、领骁骑将军。颜师伯和颜竣是兄弟，如果说颜竣还能掌掌文书什么的，颜师伯只能算个混子。但混子如果混得好，就很了不起了。几百年前，一个叫荆轲的混子就混成了名垂后世的刺客。这边颜师伯也一样，和刘骏混一起，也混来了人生的转折。作为刘骏的铁杆赌友，早在其担任江州刺史之初，他就建议宋文帝委任颜师伯为自己的南中郎将主簿。却被宋文帝一口拒绝，认为颜师伯只是个游手好闲的混子，此人怎么可以委任文书一类的工作呢？但刘骏的看法和其父不同，他认为搞政治需要干实事的，也需要混子拍马溜须给自己舒缓压力，这类人被称作"恩幸集团"。事实上，宋文帝也是这么干的，徐湛之之流不就是颜师伯的翻版么？所以，刘骏再次请求任命颜师伯为长流参军。长流参军是什么呢？说白了，就是管理犯人的，但宋文帝再次拒绝了，不过索性就让刘骏自行处置了。刘骏坚持让颜师伯做了主管刑狱的参军，继位后旋即加封其为黄门侍郎。

戴法兴和颜师伯，都是出自寒门，把这两个人拉出来讲是因为未来的孝武朝政治格局很多都与他们紧密联系，此二人甚至在孝武帝临终前跻身进入顾命大臣行列（刘骏一共立了五位顾命大臣，另外三位分别是刘义恭、沈庆之和柳元景）。当然，除了戴法兴和颜师伯，刘骏还提拔了不少寒门子弟，比如巢尚之、戴明宝、董元嗣等人。

以上这些人统统被收录进《宋书·恩幸列传》中，其中有这样一段话："孝建（孝武帝年号）、泰始（宋明帝年号），主威独运，官置百司，权不外假，而刑政纠杂，理难遍通，耳目所寄，事归近习。赏罚之要，是谓国权，出内王命，由其掌握，于是方途结轨，辐辏同奔。人主谓其身卑位薄，以为权不得重。曾不知鼠凭社贵，狐藉虎威，外无逼主之嫌，内有专用之功，势倾天下，未之或悟。"就是说，刘骏、刘彧喜欢乾纲独断，权力都攥在自己手中，但一个人的精力毕竟有限，琐碎小事就让身边恩幸之人代为处理。他们觉得这些恩幸之人出身寒门，即使给了他们权力，也掀不起什么大浪。然而，事实并非如此，这些人狐假虎威，仗着尚方宝剑在手拉帮结派，把朝政搞得乌烟瘴气。

这段话说的有道理么？笔者觉得有点夸大其词。莫说是孝建年间的戴法兴、泰始年间的阮佃夫，哪怕是当初废杀少帝刘义符的徐羡之和傅亮等人也没见能聚集起什么朋党。宋文帝杀他们还不是和杀只鸡一般，而戴法兴等人还不如徐羡之他们呢！那么，《宋书》又为何要这般写？根据政治场上"屁股决定脑袋"之法则，我们要了解史官表达这一想法的原因。首先，要看他是站在哪个角度上看问题。《宋书》的作者是沈约。吴兴沈氏虽然不是顶级豪族，但士庶之分还是让他站在既得利益者的角度上抨击庶族，这也造成了他立书的偏见。客观讲，寒门子弟的能力毋庸置疑。就如刘义康的下属刘湛，论政务处理能力，当时的门阀士族又有几个能拿得出手和他相提并论？借用后世权势煊赫的寒门朱异的话说："我凭本事混到今天的位置，比那些依附于'冢中枯骨'的所谓高门，强了又何止百倍？"但是，沈约却看不到这点，或者说，即使看到了他也不愿意承认。他认为皇帝乾纲独断是错误的，权力应该下放给世家大族。其实也就是他只不过是一个被时代束缚死的人，没能跳出他所在的那个圈子。除此以外，沈约的父亲沈璞（盱眙城太守）作为始兴王刘浚的党羽,被孝武帝诛杀,沈约对刘骏带有彻骨的杀父之恨。对于刘骏任用寒门,他只留下了这么一句评价:世祖亲览朝政,不任大臣,而腹心耳目,不得无所委寄。

孝建风云（一）

因为偏见和误解，沈约只看到了孝武帝大权独揽、重用寒门子弟的一面，却没看到另一面。虽然孝武帝很宠幸他们，放权给他们，但许多大事最终还是孝武帝本人拿捏。重用寒门子弟只不过是用来牵制高门士族的一步棋，这步棋在之前就被用过，之后还会被继续运用，直到"侯景之乱"爆发，高门士族一夜之间被连根拔起的那一天。

有时，一个人的一些行为是在特定时代、某种潮流下的产物，就像笔者之前在书中说过的一句话，很多时候，人是被潮流推着走的。那么，刘骏所做出的一些举措，其实也是在一个大环境下提出的。"世界大势，浩浩汤汤，顺之则昌，逆之则亡。"任何举措只有适应了时代，才会得到后人的肯定。

《孟子·万章篇》中有这么一段对话：

万章问孟子："别人说禹到了晚年德行就衰微了，不把天下交给贤明的人，反而交给儿子，有这种事么？"

孟子答曰："你这样说是不对的。这都是上天的旨意，上天要把天下让给贤人就让给贤人，上天要把天下给儿子，就给儿子。"然后，他又引经据典，说大禹之后天下给了启而不给伯益是民意的取舍，启是众望所归，百姓拥戴出来的正主。

接着，孟子又道："当然，单单依靠百姓的推举还是不够的，百姓只能推举出贤德的人，而最终能获得天下的人还得受到上天的眷顾。比如孔子，他很贤德，但没有上天眷顾所以没有天下，伊尹、周公也是一样。"

孟子喜欢说一些玄乎其玄的东西，事实上很多是诡辩。就像他一开始强调统治者获取天下是民意所选,但转口又说,单靠民意还是不够的,你还得蒙上天眷顾。他在突出民意的时候其实是为了宣扬儒家"仁者爱人"的观点,但为什么孔子这么贤明的圣人还一生潦倒?孟子解答不了,就只能推说是天意,上天没眷顾孔子。难怪《射雕英雄传》里,金庸借黄蓉之口对孟子进行了一番辛辣讽刺:"乞丐何曾娶二妻,邻家焉得许多鸡?当时尚有周天子,何事纷纷说魏齐。"这也是因为孟子所言所为存在太多矛盾之处,其学术造诣在"百家争鸣"的大环境下还没有进化彻底,有些解释不了的东西,或者与自己前番所说起冲突,他会推说天意。

其实,换种问法就是,世袭制取代禅让制是社会进步还是退步?此问题对于历史入门级别的人来说很难回答,初中历史老师给我们上的第三堂课就抛出这个问题,恰好是讲完尧舜禹时代。笔者记得当时自己给出的答案是,禅让制是在原始社会实行的,当时民众分散,各个地方的民众号令不一,只能通过开大会的形式选出一个大家都认可的领导人。而大禹通过治水获得了权威,他铸九鼎说明他已经把分散的人民联系在了一起,那么,这个时候用他的权威指定一位继承人,大家也都是认可的。

笔者承认,当时自己的回答也很混乱。然后,历史老师就轻而易举地告诉我们三个字来诠释答案:生产力。

那么,孟子没有学过马克思著作,在他所处的时代,遇到解决不了的问题只能推给天意了。孟子的时代正值列国争霸,相互厮杀,孔子"克己复礼"的主张不可能被接纳,孟子"仁而爱人"的主张也不可能被接纳。相反,法家的高效战时思维却能将国家快速武装起来,在战国时期,法家思想就很吃香了。孟子自己也说"窃钩者寇,窃国者诸侯"。在那个大盗窃国的时代,孔子的复古思想不合时宜,孟子的治世思想也不合适,在那个时代不被重视是正常的。

岔开讲了这么多,其实是想说,无论生产关系也好,统治思想也罢,关键是要在对的时间做对的事情。刘骏这边也一样。那么,他热衷提拔寒门是否适应了时代呢?首先,在孝武帝即位前,寒门子弟和下层武将都在努力试图挤上政治舞台,比如徐羡之、檀道济等人。原因就是,桓温的武力干政和孙恩之乱的爆发动摇了门阀士族在东晋的统治基础。孝武帝提拔寒门子弟恰恰适应了这股潮流。其次,门阀政治的特点就是"有家无国",只要家族繁荣,皇帝是谁都无所谓!所以曹丕更替了汉献帝,司马炎取代了曹奂,东晋、宋、齐、梁也概莫如是。同时期的北方就更不用说了,送走了司马家,迎来了匈奴人;送走了匈奴人,迎来了羯胡;送走了羯胡,迎来了前秦和前燕。直到最后,拓跋家成了主人。

可见,"有家无国"的思想很恶劣。刘宋要北伐,士族不干,说不愿意掏钱;刘宋要加强皇权,士族不干,说不愿意做奴。这要换成北魏,北魏要南征,士族不干,好,你这个家族就没了。过了若干年,形成这样两种截然不同的社会形态,南方士族拿着一流的工资,还在破口大骂这个皇帝无道,那个皇帝荒淫。北魏的索虏不给发工资,时不时还来几个灭族什么的,可北方士族还要跷着大拇指说"圣上英明""鲜卑万岁"。这大概就是所谓的"恶人自有恶来磨"吧,自轻自贱的丑态莫过于此。既然世家大族掌握了权力还不干正事,那孝武帝自然要把这些权力赋予真正可以干实事、干正事的人。寒门子弟渴望得到权力,同时他们具有积极的进取心和较强的办事能力,除了依附于皇权努力效忠皇帝外,别无他念。

而孝武帝外藩夺权的行为,在京城中的士族眼中,是要遭到道德谴责的,他们才不愿意讨好一个外来户呢!孝武帝对这些人同样有戒心,综合之下,他也愿意选择寒门子弟来参政。

孝建风云（二）

任何皇帝在即位之初，都满怀抱负，想大干一场，孝武帝刘骏也不例外。安排好自己的人马之后，他也确实想和刚刚提拔起来的这批寒门干几件实事。为了昭示自己中兴刘宋的决心，他还把当初那个登基的新亭改为"中兴亭"。次年，刘骏改元孝建，为父报仇是为孝，治国有道谓之建，选这么个年号他也确实是对未来满怀希望的。

很快，孝武帝便出台了一系列新政举措。困扰孝建初年的首要问题就是元嘉晚年的烂账，由于刘义隆两次北伐造成资源虚耗，国家财政严重赤字，军费开支已影响了国民生活。为此，刘骏特地颁布诏书，称文皇帝在世时一再要求勤俭治国，量入为出。可元嘉二十七年后，大幅度扩军导致军费暴涨，国库空虚，可内外用度上却还保持着战前的态势，所以从今往后务必做到"薄己厚民、去烦从简"。

有人或许会觉得奇怪，当时南北对峙的大环境下，别的费用可以省，军费怎么能省呢？大家得认清一个现状。首先，元嘉二十七年按照刘义隆在东南三丁抽一的比率，到战争末期，刘宋的常备军至少在五十万以上。而战前刘宋王朝的常备军至多也不超过三十万，要知道，同时期的北方，拓跋焘即使供养六十万部队也要通过不断对外征讨，以战养战才能保持这样的规模，而在"南贫北富"格局还未颠倒的南朝初期，如此规模的部队对刘宋王朝确实造成很大困难。几百年后，宋太祖曾以开封无险可守为由想迁都洛阳，可其弟晋王赵光义却以"固国在德不在险"为由拒绝迁都，而他给出的办法居然是扩军，用强军护卫京畿。宋太祖只是无奈地说了句："如此一来，百年之后,民力尽矣。"可想而知,庞大的军费对不轻易发动战争的文明国家来说,永远是一笔巨额开支,当然,军国主义高涨、侵略性极强的政权就两说了。

孝武帝改革军制除了摆脱巨额财政赤字,还有一个现实问题,那就是自从元嘉末年扩军以来,地方部队数量膨胀,开始出现威胁中央的架势,从这次讨伐刘劭来看就可见一斑。刘劭倒行逆施、指挥失误固然是其失败的一个因素,但地方部队强大的战斗力也是不得不承认的事实。今日他们拥护自己杀刘劭,那他日呢?又会不会来杀自己?所以,自上而下裁军,也是削弱地方势力一个不得已而为之的举措。

很快,东宫部队的规模就被裁撤了。相反,皇宫护卫加强了,孝武帝还亲自设了卫尉官统帅禁军。尔后,地方刺史的任期也从六年缩短至三年。要知道,之前刺史在地方最长可达十年以上,而一个地区在一把手长期保持不变的管理下有利于地区稳定。但是,在孝武帝眼中,这也增加了该地区对于朝廷的威胁,若刺史稍有异心,绝对可以把辖区打造成一个独立王国,比如他的六叔刘义宣。

孝武帝又紧接着下诏书称自己"体念民间疾苦,将向各地派遣使者巡视风俗",尔后向全国各地派出十五名使者,访问民间疾苦。这对一个新君来说,但凡有些上进心,都得做这件事,通过此事才能听取民意,及时解决百姓需要解决的问题。孝武帝如此做无非是一箭双雕,借机摸清地方刺史对他修改地方官任期的意见,以分敌我。

政治军事上有所举措,接着,就该着眼于民生了。古代统治阶级搞民生最简单也最广泛的莫过于调整赋税。京师作为重灾区,孝武帝当即减免了方圆百里内的一年赋税,而浔阳作为自己的大本营,也成了免税区。尔后,孝武帝又再次重申减轻徭役反对铺张浪费的号令,免费开放皇家御用的江河、田地还有湖泊给百姓。尤其禁止军队经商,与民争利。同时还解除了军龄三十年以上的老兵军籍,国家发放津贴,给其安度晚年。

这里要解释一下，古代的军籍可没现在这么吃香，非但没有政治补助，还把一生束缚在军队中。六朝时期的兵户可以说和俄国的农奴一样凄惨，从入伍那天起，就被定格在了军队中，直到死去的那天，而且儿子以后也都只能在军中服役。像孝武帝这样的政策照顾，一百年也未必会有一次。

搞定了这些，孝武帝就得广开言路了。像很多统治者虚怀纳谏一样，他又随即颁布一道诏书，称："天下动乱，国家不安，朕才德不足，治国如履薄冰，大臣们只要有能益于国家的意见，都不要隐瞒，积极进言。"

这时，就有臣子给孝武帝提了一条建设性意见，用现代性术语解释就是"科教兴国"。在他上书的长篇大论中，有一句话笔者很推崇："现在是乱世，要救世必先整治人心，人心一旦教化好，社会的风气自然改观。"有些实用主义者会认为这种话空洞无力。对这种人，笔者想说，如果你生存在社会底层，究竟是自己不努力，还是朝廷压制着你？如果你真的感受到被朝廷盘剥了，为何不奋起反抗？不敢么？难道正如辜鸿铭所说，有些人心里的辫子还没剪掉。所以，剖析下来，这类人的心里其实也需要接受教化，内心奴性思想根深蒂固，想翻身又不敢自己动手。

"教化人心"，寥寥四字，说起来简单，做起来很难。那么，刘宋王朝要实现教化人心，推行"科教兴国"战略，首先要怎么做呢？

第一，普及知识，减少文盲比率。六朝时代，世家大族垄断着政治和经济资源，同样也垄断了文化资源。有些寒门子弟通过学习知识走上从政之路，渐渐和士族分庭抗礼，可还有很大部分寒门子弟却没有这么个学习机会，翻不了身。所以，大臣建议每百户人家中设立一位老师，教育未成年男子诗书，每五十户人家中设立一名保长，教育成年男子武艺。学诗书五年有成的便可上报司徒，学武艺三年有成的直接封为司马。而那些世家子弟，如果文武学习都不过关，那么，终身不允许其做官。

这个建议很好，一旦作为政策执行，可大大遏制世家大族对政治文化乃至军事的垄断，对于社会的进步将有极大的推动作用。但这个建议又实在太过超前，在士族力量还很强大的南朝初期，你搞这个，无异于王安石变法，必死无疑。所以，这个提建议的大臣很快就被免官了。孝武帝要做出一番举措，心里很急进，这是正常的，但急进不等于冒进。在自己地位还不稳固的情况下，大刀阔斧整顿无异于引发新一轮的动荡。所以，他所需要的是一些维稳中缓进的政策，只能说：很遗憾，这位大臣的建议没找对时机。

第三章 ⊙ 夺来的帝位

孝建风云（三）

在上书中，这位大臣还提了很多建设性意见，其中一些意见，孝武帝后来也采纳施行了。比如提出要劝课农桑，用布帛取代金钱成为交易货币。这点我觉得很有借鉴意义，因为刘宋乃至往后南朝的货币政策一直是让人头大的问题，货币动荡和贬值直接影响了经济发展，这个货币引发的金融体系动荡案我们后文会展开介绍，这边先一笔带过。又比如按人头收税。这对隐匿人口的士族来说打击力很强，也会增加政府财政收入。鼓励垦荒，提高粮食产量；鼓励女子及早婚嫁，扩充人口；鼓励失地农民去淮南垦荒，建立军屯；鼓励养马备战，认为提高骑兵比例是克敌关键。建议中还提到，如今社会人情冷漠，子女对父母赡养不力，应该立法规定好子女们的义务，而不是指望说教行为（这点足以让后世引鉴）。其他则诸如勤俭治国、整饬吏治、裁撤侨置郡县、控制佛教蔓延等一类套话，这些孝武帝后来也都采纳了。

但是，这些建议里有一点笔者不敢苟同，就是要放弃历城，即山东一带。这位大臣认为，国家每年在该地徒耗巨额军费，得不偿失，应壮士断腕。这点，千年之后的李中堂也曾目光灼灼地提出"弃塞防而保海防"，认为守卫新疆在康雍乾三朝耗费大量军费，如今国家吃紧，理应放弃这个烂摊子，节省下来的钱可扩充北洋海军，压制住日本海军的崛起，制霸东亚，走上海权国家的道路。

有人会说了，放弃历城为中心的山东一带，不是和李鸿章的绥靖政策相同么？首先，李中堂的政策绝不是绥靖政策；其次，两人在领土取舍问题上相似，但绝不相同。

这位上书大臣认为，魏军占领山东后，所留守的都是些混血汉人，这些人是政府争取的对象，只需舆论宣传就可以策反成功，再兵不血刃地夺回山东。这个建议的关键点是这些混血汉人的向背问题，而实践证明，他的预断是完全错误的！因为后来陈庆之白袍入洛时，中原大地望旆来归，而毗邻的齐鲁大地却坚决支持北魏政府。

任何事情我们坚持的都是"取其精华，去其糟粕"，这边的上书也是一样。孝武帝虽然罢免了上书者的官职，仅是认为他的一些建议不符合实际，推行难度大，但对于建议中便于推行的，孝武帝也是从善如流。

首先，他瞄准了整饬吏治。他在诏书中声称："民以食为天，要解决吃饭问题，必须以农为本。国以官为根，吏治搞好了，社会才能安宁。国家刚刚从大乱中走出来，正需要励精图治，劝课农桑，鼓励开荒，唯才是举，这些都是地方官员应该做的。朝廷内部混混度日的官员也该被开除，各个部门要分工明确，办事才会有效率。"

其次，遵循重视孝道的建议，孝武帝在全国封赏孝行杰出的人，对模范家庭更是赐爵位。

孝武帝出台的这些举措，得到了朝野内外一致的好评，他的七弟建兴王刘宏也上书称赞道："陛下以至德神临，垂精思治，进儒礼而崇宽教，哀狱法而黜严刑，表忠行而举贞节，辟处士而求贤异，修废官而出滞赏，撤天膳而重农食，禁贵游而弛榷酤，通山泽而易关梁，固已海内仰道，天下知德。"大才子谢庄更是直言不讳道："陛下，您下了这么多诏令，但有一点，绝对可以载入史册的，就是您说的'权贵一律不得经商，与民争利'。这是避免上层官僚腐化的措施，也是百姓迫切希望的，您应该再顺道建立奖惩措施，将范围扩大到军队、朝臣。这样百姓无不感念您的恩德。"

正因为孝武帝即位之初的政策符合民意，他很快就扑灭了孝建元年萧斌的弟弟南海太守萧简在广州发动的叛乱。不过在这次叛乱中，有一点是必须提及的，就是有个叫顾迈的人懂得天象，他在广州城内对大伙儿说："荆州和江州将有大的兵灾降临。"正因此话，广州城内百姓固守了两个月余。

说到这儿，大家是否感到有些似曾相识？以前懂天象的孔熙先也曾预言："刘义隆将死于亲属之手，江州之地将出皇帝。"当时笔者故意卖了个关子，说害死刘义隆的不会是刘义康，江州天子也不是他。大家现在明白这个预言的准确性了吧。刘义隆死于亲子刘劭之手，而江州天子恰恰是在孔熙先案爆发后不久调任为江州刺史的刘骏。

这边我又得说了，预言的精妙之处在于它的后知后觉性。荆州和江州将有大兵灾究竟是指什么，下文我即将揭晓。

孝建风云（四）

"其名盛者，其谤愈多。"这句话用在孝武帝刘骏身上一点不错。刚刚即位后的他推行了一些善举，在带来美名的同时，一些不实之言也开始瞄准了他。最为后人所诧异的便是孝武帝的乱伦案。

孝武帝乱伦？是的，民间野史、百度百科，乃至部分正史一致给孝武帝戴了顶乱伦帽。而孝武帝乱伦的对象无外乎两个，他亲妈路太后和他表妹殷淑仪。这么一说，各位肯定会一片嘘声。但真相究竟如何？我们不妨仔细揭秘，先说路太后。

先来看两则史料：

"上于闺房之内，礼敬甚寡，有所御幸，或留止太后房内，故民间喧然，咸有丑声。宫掖事秘，莫能辨也。"

——《宋书·后妃列传》

"骏淫乱无度，烝其母路氏，秽污之声，布于瓯越。"

"（大明）四年，猎于乌江之傍口，又游湖县之满山，并与母同行，宣淫肆意。"

——《魏书》

《宋书》是说，刘骏私生活不检点，经常在太后宫里搞女人，宫闱之中的事情说不清啊！《魏书》则直接点明，刘骏在太后宫里搞的女人不是别人，就是他亲妈路太后！这淫荡之声整个瓯越大地都听见了。

这就有意思了。沈约认为刘骏在路太后宫内玩女人，女人是谁？不清楚，老百姓或许起了传谣信谣的作用。魏收则一口咬定不是别人，就是路太后。

针对两人说的话，我们不妨通过正面举证的方法，进行辨别，再从侧面加以辅助辨析。

首先，一本史书客观不客观，算不算正史，关键在于是否切合实际，也就是说，你不能夸大其词，夸大其词了那叫小说，像《三言二拍》《三国演义》这种的。司马迁的《史记》为什么被有些人加以怀疑，就在于他的不切实际性，虚夸六国兵力达几十万，严重脱离当时农业发展水平，更有甚者，把苏秦和张仪划归成一个时代的人。而从这点来看，魏收的书首先就不过关，什么"秽物之声，布于瓯越"——瓯越在哪里？浙江南部温州北部。你倒说说看，刘骏一个凡夫俗子的欢爱之声怎么就能从南京千里传音到温州？其次，大明四年那次狩猎——翻遍《宋书·孝武本纪》就没找到刘骏在那一年会猎乌江的记载，魏收又是如何知道、如何收录的呢？所以，关于第一条，魏收的记载就很不靠谱。那第二条就是史料的来源吗？中学历史课上，老师就讲过，直接资料比间接资料价值更高，尤其是第一手资料。沈约出生在刘宋文帝年间，他是在孝武帝那个时代生活过的。《宋书》完书大致在梁武帝时期，比魏收的那本《魏书》要早了几十年。而且，沈约是南朝人，接触到的必然是第一手资料，魏收那边所能获取的明显要滞后和混乱许多。

第三点，就是一个著史者个人的品质。所谓"在齐太史简，在晋董狐笔"，一个著史者节操如何，很影响他们的作品。不得不说，司马迁还是一个比较有节操的人。但沈约和魏收这两人的节操就不可描述了，他们在一起不能比好，只能比烂，如果沈约是跑了五十步的那个，魏收绝对是逃了百步的那个，而且他还会"以百步笑五十步"，讽刺别人连逃命都不行。

综上，《魏书》可信度是相当低的。有人又要问了，沈约会不会刻意粉饰孝武帝？如果《宋书》中有不实之处，那只可能是沈约抹黑孝武帝，而非粉饰。要知道，《宋书》成书的时候都已经是兰陵萧家的天下了，他有必要去粉饰前朝吗？更何况，他爹沈璞明明是作为刘浚的党羽最后被诛杀的，可沈约非要说这是孝武帝存私怨而杀人，那么，问题来了，孝武帝和沈璞有什么私怨？再者，之前提到，沈约在评价孝武帝提拔寒门时也有不少厥词。既然沈约在《宋书》中都没一口咬定孝武帝和亲妈乱伦，怎么到了魏收嘴里就坐实了这不实之词？

　　从正面分析出此事的虚构性，再从侧面找几条隐线辨析。首先，我们从生物学角度来看，孝武帝在位十年间共生育了二十六个儿子，概率相当高了。假如说路太后真的长期和孝武帝保持那种关系，在避孕措施不齐全的古代，不会出现意外怀孕么？其次，后来刘义宣讨伐孝武帝的诏书中也隐晦提了提刘骏和殷淑仪的事情，如果孝武帝蒸母，如此值得拿来做舆论武器的把柄，刘义宣会不用？第三，孝武帝死后，不孝子刘子业登基，在参观宗庙的时候，给了高祖（刘裕）、太祖（刘义隆）、世祖（刘骏）各一句评价。评价刘骏的那句是："此渠太好色，不择尊卑。"注意用词，他只是说不择尊卑，并没有提到乱伦。依照刘子业当初仇恨到要掘坟出气的份儿，如果刘骏真乱伦，他为什么不说？第四，刘骏如果真的和路太后有染，按照刘骏性情中人的性格，路家外戚应该很受照顾啊。相反，在后来的一次事件中，我们并没有看到路家外戚被照顾。那件事情中刘骏和路太后的表现也反映出他们并非外界传闻中亲昵到可以乱伦的地步。

　　经过正面辨析，侧面挖掘，我们实在没有过硬证据能证明刘骏和路太后乱伦。既然无证据，那这桩千古谜案就不能被坐实。孝武帝背了千余年的黑锅，全因魏收的无脑抹黑所致。

第三章 ⊙ 夺来的帝位

孝建风云（五）

刘骏和路太后的事情我们抛开一边，再来说说刘骏和殷淑仪的乱伦案。有人要问了，殷淑仪姓殷，刘骏姓刘，这两人怎么会乱伦？如果你能这么想，我会跟你说：你答对了！这个乱伦案的关键主要在于殷淑仪究竟姓不姓殷。

目前，比较大的传言是说殷淑仪是刘骏的堂妹，刘义宣的女儿。刘骏这个人贪恋美色，到了"生我者不可，我生者不可，其无不可"的地步。诚然，说刘骏好色，这是真的，因为孝武帝喜欢随性而为，平时没事搞搞寡妇啊，找民间女子调个情啊，也属正常。但说他勾引堂妹，就有些值得商榷了。

史书在这块也是只言片语，致使孝武帝和堂妹的乱伦案比路太后的那桩更难定性。那么，笔者根据自己的研究，谈谈看法，仅作为参考。

在众多史料之中，有三个关键点需要注意：一、殷淑仪的真实身份是什么？二、殷淑仪是何时进宫得到孝武帝宠幸的？三、殷淑仪的受宠与刘义宣的叛乱是否存在关联性？

首先，第一个问题就几乎可以判断刘骏和殷淑仪是否是乱伦。一般说来，殷淑仪的身份有两种，一说是刘义宣的女儿，一说是殷琰的女儿，寄养在刘义宣家中。如果要证明刘骏和殷淑仪没有乱伦，就必须说明她是殷琰的女儿。可惜，史料就此记载得有些混乱，笔者盘丝剥茧，梳理了这么几点：

一、刘义宣起兵前，有记载刘骏把刘义宣的几个女儿带进宫中。要干吗？你说是为了淫乐，那我说也可以是斗地主啊——这谁说得清呢。但记载这事的时候，都说这几个女的是刘义宣女儿，其中有一个是殷淑仪，并没有指出谁是殷淑仪。

二、刘义宣兵败后，刘骏喜得一女，这位佳人或许就是殷淑仪，那么，问题就来了。这个女子和之前的那批人应该是分开的，之前那批人是刘义宣的女儿，难道这个还是？但如果这个是殷淑仪，那之前那批人里怎么又会有殷淑仪？

三、殷琰和刘义宣交好，或许有寄养女儿的可能性。

四、刘义宣事件后，刘骏乱伦堂妹的事情极少被提到，取而代之的就是这位殷淑仪，之前那几个堂妹哪里去了？刘义宣兵败后，所获美女究竟是不是殷淑仪？这些都是未解之谜。

正因为这些史料很是零碎，我们无法确定殷淑仪的真实身份，也不确定她是何时进的宫，但大致能知晓她被宠幸也该是刘义宣事件之后的事了。那第三个关键点，殷淑仪的受宠和刘义宣叛乱是否有关联性？这个关键点恰恰是笔者做出假设的立足点。假设殷淑仪就是殷琰的女儿，和刘义宣并无亲属关系。整个事情的进展大致如此：刘骏担心刘义宣把荆州建成独立王国，有尾大不掉之势，所以提前将刘义宣在京的几个女儿扣作人质，以此威胁刘义宣。至于入宫后的几个女儿有没有和刘骏发生关系，这个史书就没给出答案了。然后，刘义宣勃然大怒，或是真以为女儿被凌辱，或是添油加醋，以此证明自己起兵的正义性，在檄文里痛斥刘骏的乱伦。

结果，刘骏乱伦丑闻自此而起。刘义宣兵败后，被扣为人质的女儿被刘骏一并处死（别不信，这事儿孝武帝干得出来）。而在战利品中，刘骏发现了殷淑仪这个绝色佳人（殷琰寄养在刘义宣家中的），自此开始了一段情比金坚的千古绝恋。刘骏乱伦案只是刘义宣起兵哄抬出来的一个由头。因此，当刘义宣死后，殷淑仪依旧承欢于孝武帝，一点都无为人女的悲戚之情。另外，刘义宣兵败后，闹得沸沸扬扬的乱伦案的主角就从刘义宣之女变成殷淑仪了。

当然，我的假设立足点是殷淑仪就是殷琰的女儿。假如立足点不同，也许可以有另一层新的理解。对于历史中的只言片语，我们也只能揣摩推断其原有的轮廓，至于本尊如何，就无人所知了。

单独把刘骏的两件乱伦案提出来讲，只是为了告诉大家，解读历史要多方参照，细致理解，避免刻板效应。但有些原则性的东西，我们又需要保持刻板效应。

提到殷淑仪，就不得不提到刘义宣叛乱。接下来，我们要讲述的便是孝武朝最大规模的一次内讧——刘义宣之乱。这场内讧是刘宋王朝孝武派系和刘义宣派系的一次大火拼，臧质、沈庆之、鲁秀兄弟、王玄谟、柳元景、刘诞、朱修之……这些讨伐刘劭时期的功臣，以及现阶段刘宋帝国镇守一方的封疆大吏都会在这次内讧中交锋，波及面积之广，牵扯人员之多，远超刘宋王朝之前的历次内讧，其场面不亚于当年东晋的"苏峻之乱"。虽然内讧对刘宋王朝造成的损伤并不大，却影响深远。讨伐刘劭后形成的孝武朝前期三头执政局面宣告瓦解，也为刘骏日后清除刘诞大权独揽打下了基础。

到此，笔者前面埋下的伏笔也该提一提了。广州被围期间，懂天象的顾迈说过这么一句话："江州和荆州将有大的兵灾到来。"说的就是即将到来的刘义宣之乱。参与此次叛乱的两大主力——刘义宣和臧质分别是荆州刺史和江州刺史。刘义宣致力于打造荆州这个独立王国，可臧质又是如何上了刘义宣的贼船，和他一起密谋造反的呢？事实上，刘义宣之乱反倒是因臧质自己的野心所引发，是刘义宣坐上了臧质的贼船。

讨伐刘劭之初，臧质想拥护的其实是刘义宣，奈何刘义宣觉悟不高，愣是让刘骏捡了便宜，这让臧质很不爽。内藏贰心的臧质就开始和朝廷对着干，倚仗自己是孝武帝的表叔，经常开口问朝廷要这要那。江州内部官员的任免，他也是自行其是。他甚至公然开仓放粮。要知道，开仓放粮是善举，但也得知会朝廷一声啊，况且不是饥馑之年，这多半是要收买人心呢！

刘义宣也有样学样。刘骏颁布的新政，只要是对他不利的一律不执行。进贡朝廷的东西，先挑出好的，再把次一点给刘骏送去。刘骏新政的一道举措引发了臧质和刘义宣的集体不满,就是"贵族子弟一律不得经商,不与百姓争利"。谢庄还附和着要把这个延伸到军队和朝臣中去,臧质和刘义宣难以从命啊!臧质的财富多半是靠发战争财累积的,不让他这么干,无异于断他的财路。

第三章 ⊙ 夺来的帝位

第四章

六叔的图谋

荆江联兵（上）

很快，刘义宣便收到了一封来自臧质的密信。密信中说道："自古以来，功高震主者危，多半没有好下场。此时，我们应该先下手为强，打他个措手不及，况且京中百姓无不怀念六爷您。您一声令下，我提兵东进，您的旧部徐遗宝裹挟兖、徐之众南下，京城唾手可得。皇帝失德，百姓早就遗弃，宗悫和柳元景当初也和我是袍泽，必然听我指挥。"臧质又补了一句意味深长的话："昨天，今天，过后不再回来；皇权，旁落，转眼尽苍白。一万年太久，要造反，趁现在。"刘义宣的部下竺超民也鼓动刘义宣造反，想立下从龙之功。与此同时，臧质在京城担任黄门侍郎的儿子臧敦回家探亲，臧质便让他趁机去荆州，和刘义宣说了说刘骏霸占堂妹的丑事。请注意，刘义宣从臧敦嘴里得知刘骏霸占其女，这个消息的可靠性又打了个折扣。

不管出于什么原因，刘义宣还是反了。既然要造反，与周围的方镇就得展开"邦交"活动了。《大秦帝国2》里魏惠王解释得很好："下刀子前的动作就叫邦交。"那刘义宣能争取哪些人来？臧质提到的他的旧部徐遗宝是一个，鲁秀、鲁爽兄弟算两个，雍州刺史朱修之和益州刺史刘秀之是潜在的争取对象。很快，荆州的使者就联系上了豫州刺史鲁爽和徐兖刺史徐遗宝。当时，使者传达的命令是于秋天起兵，因为打造舰船和整备粮食需要一定时间。可没想到鲁爽这个酒鬼让整件事情变得戏剧化起来。

当天，鲁爽正好酒醉，看刘义宣书信中提到了起义，也没注意时间定在秋天，当即宣布起兵造反了。紧接着，鲁爽下令将军中疑似与朝廷勾结的韦处穆、杨乃驹、庾腾之逮捕斩杀，又派人去接他在京的弟弟鲁瑜西归。随后，鲁爽下令部队全部换黄色军服（黄色代表土德，刘宋是水德，取土克水的意象），改元建平（这年号是他该改的么），封赏下属，并将做好的龙袍和"诏书"送呈刘义宣。诏书上面写的是："丞相刘义宣递补天子，车骑将军臧质递补丞相，平西将军朱修之递补车骑将军……"（鲁爽这酒徒真是醉得不轻，诏书是他下给刘义宣的么？）

如果说，刚刚接到刘义宣命令的时候，鲁爽是酒醉，可做完一半事情的时候他的酒大概都醒了吧！事已至此，他也只能硬着头皮上了，或许，他也急切地想完成这件事。毕竟，自己从北魏叛回，寄人篱下多少有些不舒服，刘义宣又是他觉得靠谱的主公。

刘义宣这边接到诏书后也只能硬着头皮上，尽管自己的舰队还没打造完毕。尔后，徐兖刺史徐遗宝起兵包围了彭城，江州刺史臧质起兵东进太雷。仓促之下，五州刺史都扛起了反对刘骏的大旗。紧接着，刘义宣又诏令鲁爽的弟弟司州刺史鲁秀率部东进会师。鲁秀反应很快，率部火速抵达了江陵。可一到江陵见到刘义宣的样子后，鲁秀傻眼了：肥头大耳，说话结结巴巴，军事行动全靠手下拿主意，这种人配做天子么？递补天子都不配！鲁秀仰天长叹："哥哥只顾自己爽，坑死兄弟了！和这种蠢蛋联兵起事，不出今年就得死啊！"但又能有什么办法，已经被绑架上刘义宣这座战车了。

刘义宣这边行动仓促，远在建康的孝武帝却是胆战心惊。一眨眼工夫，荆州派系集团的军阀都跳出来反对他了，荆州、湘州、豫州、兖州、司州、江州六个州相继跳反。西面还有两个州的刺史——雍州刺史朱修之和益州刺史刘秀之还在观望中。自己所能调动的不过是江北部分、扬州地带，外加广州、交州两个偏僻的州。

实力的悬殊让孝武帝做出一个举动，即趁着上朝之际，捧出玉玺，说要将皇帝宝座让与刘义宣。这时，他的六弟竟陵王刘诞跳出来说："这个皇位是父皇传到我们手中的，皇兄何故要将它拱手让与他人？"刘骏听后才举手

第四章 ⊙ 六叔的图谋

115

作罢，开始认真部署讨伐叛军行动。

初看这段记载，很多人会认为是刘骏怂了，多亏刘诞的力争才让他鼓足勇气面对叛军。那么，事实真是这样吗？大家有必要反思几个问题：领一千军马叫板拓跋焘，解悬瓠之围的时候，他没怂；几十万魏军包围彭城，城内人心思变的时候，他没怂；出山入林，在长达千里的战线和山越鏖战时，他没怂。你相信他在坐拥这扬州之地，和叛军实力不相上下的情况下会认怂么？

孝武帝当然不会怂！他这样做只是为了确认一件事，即刘诞的态度。之前就说了，讨伐刘劭后，刘宋朝廷内部形成了"刘骏—刘义宣—刘诞"三头执政的局面。作为三巨头之一的刘诞，他的向背是刘骏必须要考虑的。如果刘诞支持自己，那么一切OK；反之，则要另做准备了。而刘诞的回答很得体，他和刘骏是一条阵线的。当然，也幸亏他这么回答了，此时尚在京中的他若唱反调或干脆沉默不说话，说不定刘骏就会先清除身边的祸患。

姜太公钓鱼，周文王愿者上钩；而孝武帝演戏，就意在六弟了。论政治手腕，孝武帝此人绝不简单。从刘诞的话语中，我们也能窥测出一丝他对皇帝宝座的觊觎，但他后来的悲剧下场促使《宋书》在一定程度上为这位竟陵王美化了不少。

刘诞表明了态度，基本没什么事了。孝武帝无须他出兵帮助，依靠自己在雍州时的老部下，就足以抗衡刘义宣了。

荆江联兵（下）

刘骏调任王玄谟为豫州刺史，取缔了鲁爽的头衔，同时启用柳元景统帅大军，负责迎击正面的臧质所部。孝建元年（公元454年）二月二十六日，柳元景率部屯兵采石。南豫州刺史王玄谟进抵梁山洲（今安徽和县），依江下寨，筑造了一道"半月形堡垒"。有人说，这其实是却月阵的一种变形，至于真相如何，我们不去深究。

五天前，刘义宣自称都督中外诸军事，率领十万大军从江津（今湖北沙市）出发东下了，虽然起事仓促，但战舰还是绵延数百里，气势浩大。出发当天，风向不佳，舰队颠簸不轻，只得暂停中夏口避风。借着这个空当，刘义宣开始在全国各地发放海内文书，声称只要加入自己这边的，一律加官晋爵。其实，刘义宣所要争取的，不过是雍州刺史朱修之和益州刺史刘秀之。广州、交州地理位置太远，部队战斗力不强，基本是靠边站的。而扬州又是刘骏的老巢，渗透比较难。如果争取到雍州和益州，那天下三分，他就拥有其二了。

可朱修之和刘秀之是怎么答复他的呢？鉴于朱修之之前和刘义宣来往密切，让他误以为是自己人。可刘义宣一起兵，朱修之便派出使者向建康方面表忠心了，气得刘义宣只得任命鲁秀兼管雍州，并拨出一万人马交给他进攻朱修之。益州刺史刘秀之态度更坚决，直接斩杀了刘义宣的来使，并派出一万精兵交由韦崧带领东下，进攻刘义宣老巢。

可以说，刘义宣让鲁秀打朱修之是一个重大失误。鲁秀作战深有谋略，如果让他在前方配合臧质，或许可以打败柳元景和王玄谟的配合。朱修之的人马守则有余，攻则不足，对刘义宣造成不了太大损失。让鲁秀执行偏师

第四章 ⊙ 六叔的图谋

117

任务，有点大材小用。

刘义宣在那边拉帮结派，孝武帝也不甘示弱，跟从刘义宣附逆的诸侯都被拉下了刺史职位。夏侯祖取代徐遗宝，成了新的兖州刺史。而徐州刺史由庞秀之接任。萧思话取代臧质，成了新的江州刺史。当然，只能是遥领。

刘义宣方面，徐遗宝初次进攻彭城受挫。紧接着，徐遗宝的部下王玄楷和刘雍之二次会攻彭城。朝廷新任命的兖州刺史夏侯祖率军驰援徐州城内的明胤，阵斩了王玄楷，刘雍之仓皇溃败。

原先的冀州刺史垣护之起兵征讨徐遗宝，顺利偷袭了徐遗宝的大后方，还一把火烧掉了他的全部物资。无奈之下，徐遗宝只得率残部南下投奔豫州的鲁爽，兖州一时间被光复。刘义宣和刘骏全面战争还没拉开序幕，徐遗宝军团就在局部战争中被刘骏方面吃掉，胜利的天平就向刘骏方倾斜了。

刘骏对垣护之的义举表示嘉奖，擢升他为游击将军，配合沈庆之北上的集团军一同会攻鲁爽。

大战未启，坐拥雄兵的刘义宣何故就被孝武帝抢了先机？原因很多，首先，鲁爽的贸然起兵让刘义宣的造反开局就很被动。第一，舰船准备不足，原先定在秋天起事，刘义宣可以利用这段时间大造水师，利用强大的水军优势击溃朝廷军，但现在做不到了。第二，盟友争取不足，原先按照臧质的想法，孝武帝推行新政，长久下去地方藩镇必然不服，或可引发更大的动荡，但未等其他藩镇和孝武帝之间关系开始恶化就提前起事，则无法争取到个别藩镇的支持。很直观的就是，雍州刺史朱修之和益州刺史刘秀之未能争取过来。第三，辖区内向心力不足，刘义宣经营荆、湘两州数年之久，根底比较深厚，但其他如臧质、鲁秀、鲁爽、徐遗宝等都刚刚上任，还没能做到和辖区内的部下磨合好，就不得不硬着头皮造反，恍如当年谢晦刚刚上任荆州就被宋文帝抄了老底一样。

其次，刘义宣各集团军之间配合力度不够，兵力分散，尤其在江北战场只有徐遗宝一部。对比之下，在此区域内孝武帝的力量占优，徐遗宝军团被一口吃掉也理所当然。

那依照目前的形势，刘义宣又该如何做才能扳回劣势呢？上策，不必管后方的朱修之，也不必管其他战场的人，调回鲁秀和臧质集结主力一战击溃掉柳元景，而后直下建康；中策，先集中兵力回师北上消灭掉朱修之，而后徐徐东进，与孝武帝打阵地战；下策，各处散花，不同战场分线作战，和刘骏你攻我伐，打消耗战。要知道，刘义宣毕竟是宗室起兵，在古代那叫封建统治阶级内部矛盾，和苦大仇深的农民起义不同，这种战争拖得越久，地方的反抗意志越薄弱，最后全投降朝廷了。手下的兵士和起义的农民不同，他们平日里又没受尽朝廷的欺压，给谁卖命不是卖命呢。刘义宣取下策，无疑是给了孝武帝慢慢收拾他的机会。

按照刘义宣那种不输才怪的智商，他也必然会取下策。看完刘义宣的排兵布阵，再回头来看孝武帝是如何应对的。首先，面对刘义宣的主攻方向——西线，他派了柳元景驻守，王玄谟领兵策应。而北线方面，江北诸军已经火拼掉了徐遗宝所部，在沈庆之的统帅下正在对寿阳的鲁爽发起攻击。再看孝武帝最引以为重的三吴地区，他派了亲信颜师伯、刘延孙等人驻守。这时，多战场战争正式进入启动期。在此之前，笔者觉得还是有必要熟悉一下这时开启的几个战场。

首先是江北战区。这个战区主要是徐遗宝对抗江北朝廷诸军，随着徐遗宝的全军覆没，这个战区正式结束战斗。其次是豫州战区。这个战区主要是鲁爽面对朝廷的沈庆之等部和部分江北军，但在起兵不久即徐遗宝全军覆没后，鲁爽也弃寿阳南下，与刘义宣合流，脱离了豫州战场。第三个战场便是以京师为核心圈的主战场，柳元景和王玄谟联军对抗刘义宣、臧质叛军主力。

此时，刘义宣的部队已抵达浔阳，而臧质的军队则已到达梁山（今安徽繁昌），与王玄谟对峙。第四个雍州战场则是朱修之对战鲁秀所部，双方也都是谨慎对垒，小心钻营。当然，如果加上刘秀之派出的一万东征军，那应该还有一个第五战场——巴东战场。

义宣伏诛（一）

大战开始前，我们简要说明一下双方在主战场上布置的各参战部队的情况。在梁山与刘义宣臧质部对峙的是孝武帝的前锋王玄谟所部。王玄谟的后方是柳元景及柳叔仁等部驻扎在新亭（今南京江宁）的主力部队。在柳元景的西北方，江北方向是垣护之及薛安都、宗越等部队组成的以历阳为核心的江北集团军，首要任务就是阻挡鲁爽南下和刘义宣会师。沈庆之作为三军总指挥，坐镇后方，督战这三路人马迎击刘义宣叛军，同时以备不时之需。

此时，鲁爽在江北的部队想率先突破薛安都等人的封锁，渡江与臧质汇合。鲁爽部下郑德玄在大岘山扎下营盘后，派部将杨胡兴领兵掠阵；薛安都领龙骧将军宗越与历阳太守张幼绪阵斩杨胡兴，并全歼敌军。随后，薛安都又一口吃掉郑德玄在大岘山东侧的一路人马，鲁爽只得亲自领兵进驻大岘山，并派其弟鲁瑜驻守小岘山，互为犄角。鲁爽无法突破孝武帝的封锁线，已然成了一支孤军。而刘义宣的主力及臧质所部还未发起总攻，孝武帝于是有意打一个时间差，一举吃掉鲁爽军团。刘骏给薛安都所部增援了八千精兵，并配合水师助阵，要他与张幼绪夹击鲁爽部。

薛安都派遣副将谭金领一支敢死队，冲击鲁爽的营垒，稍有斩获。可张幼绪却畏惧敌军势大，纵容部下一哄而散。军心溃败的薛安都只得撤退至历阳，鲁爽趁机领兵进攻历阳。这时，江北战事吃紧，孝武帝当机立断，命沈庆之率主力部队北上，会攻鲁爽。正所谓"行家一出手，就知有没有"。面对沈庆之这样的老师，鲁爽的脑子就不够用了，很快便下令撤军。为了避免部众溃散，他亲自领兵断后。鲁爽且战且走，薛安都领骑兵在小岘山附近追上了他。薛安都命副将谭金冲阵，但鲁爽武艺高强，和谭金这样的猛将对战一点不落下风，谭金无法取得进展。"活阎罗"薛安都急了，抄起一杆丈八蛇矛亲自掠阵。鲁爽和薛安都均在北魏待过，自然熟悉薛安都的恐怖程度，为了壮胆，他猛喝了一坛子酒。高手对战，往往都是一击毙命。纵使鲁爽人称"万人敌"，但在薛安都手里也走不了一个回合，被薛安都一矛扎在马下。

鲁爽一死，军中精神支柱立刻崩塌，部下一时间全部溃败，薛安都趁机连下大岘山、小岘山，鲁瑜也战死军中。徐遗宝趁乱逃出，却在流亡过程中被百姓割了首级，领赏去了。短短数月间，徐遗宝、鲁爽两个集团军相继覆灭。至此，刘义宣在江北的势力被全部清除。而此时，大决战仍未爆发。

为了瓦解刘义宣的斗志，孝武帝特命沈庆之将鲁爽的首级送去给了刘义宣。沈庆之并致书一封，称"在下受皇命坐镇一方，哪知道辖区里有宵小起事造反，于是便点齐人马前往征讨。日前，贼帅鲁爽已经伏诛，听闻此贼生前与大人交好，便将首级献上"。鲁爽骁勇善战，在刘义宣集团中也是屈指可数的，如今居然被阵斩，三军胆寒也在所难免。如果刘义宣不能尽快与孝武帝开战并取得效果，劣势还会越拉越大。

刘义宣想策反孝武帝的前军王玄谟所部。王玄谟其人打仗也许不行，但对皇室的忠诚还是很足的，面对刘义宣的诱降，他拒不上套。刘义宣的策反失败了，但孝武帝这边却对刘义宣进行了成功的策反。策反刘义宣，怎么可能？然而，事实就是这么荒诞不经。孝武帝授意刘义宣的五哥刘义恭给他写了一封信，信中说道："我前不久听闻鲁秀、鲁爽兄弟谋反是受人教唆的，心想，弟弟断不会做出这么糊涂的事情。然而，看到你上呈朝廷的奏折，我还是吃了一惊，久久无法平息。弟弟，试想一下，历来起兵都是因为什么？或是因为皇权旁落，臣子弄政，或是因为皇帝被威胁，藩镇才起兵勤王。可如今陛下治理国家政治清平，你却私自兴兵犯阙，私下真替你担心啊！"

"弟弟是否还记得以往的事情？过去元凶（刘劭、刘浚两兄弟）弑父，弟弟拥戴陛下登基，立下赫赫功勋，于国家是有恩的。而陛下也授予你丞相的职位，还给你的儿子加封为王，这在历朝历代都是少有的。我们受到先皇厚遇，尽心竭力为其谋事还担心不能尽全力，如今，你又何苦要听信宵小的谗言，轻易惹起祸端呢？"

前面说了这些，无非是刘义恭利用兄弟之情，想要感化刘义宣，并规劝其悬崖勒马云云，基本都是套话官腔。但接下来的一些内容就有意思了，不知不觉中，刘义恭开始离间刘义宣和臧质之间的关系了。

笔锋一转，刘义恭又写道："你还记得当初的桓玄之乱吧！殷仲堪轻信桓玄，与其联兵反被其所杀。而王恭同样因为轻信刘牢之而遭到出卖，前事不忘后事之师啊！如今，弟弟你身边也有桓玄、刘牢之一类人，此人便是你我的表哥臧质。他小时候就是无德之人，只不过依靠是外戚，国家又正需征战之人，才借机立下小功，以此博得上位。如今，他假借你荆州之军，若是真想做点什么，你日后还制得住他么？弟弟切莫忘记高祖创业的艰辛，当下国事艰难，应该和衷共济啊！"

刘义恭写这信究竟是自己的意思，还是刘骏的意思？这个问题已不重要，我们更关心的是反间计到底奏不奏效。反间计有个原则叫"疏不间亲"，虽然臧质是刘义宣的表哥兼盟友，却离"疏不间亲"的指标差了很远。而同年五月，刘义宣与臧质在芜湖顺利会师，臧质一见到刘义宣便献策说："此时，我们应当派出一部分兵力拿下姑熟（今安徽当涂），吃掉柳元景所部，切断梁山洲王玄谟所部和后方的联系。再拨一部分兵马围堵王玄谟，我则率主力军直扑石头城，与沈庆之决战！"臧质的意思是：与官军交战无须一线平推，只需要先歼灭柳元景所部，牵制住王玄谟所部，再伺机与沈庆之所部决战就可以了。用八个字概括就是：避实就虚，声东击西。但刘义宣手下则建议还是一步步来，先集中兵力吃掉王玄谟所部，尔后再打柳元景所部，最后打沈庆之。这个战法也可以八个字概括：步步为营，稳扎稳打。

那么，两种战法究竟哪种成功概率更高一些呢？其实，不应该这么问，两种战法好好打都可能成功，能否顺利吃掉王玄谟兵团或柳元景兵团取决于荆州军的战斗力，这是战术问题而非战略问题。如果从战略上考虑，臧质提出的那个主张赢的速度或许更快一些。

义宣伏诛(二)

我们不要忘了,刘义宣自从收到信件后,便对臧质起了疑心。在这个节骨眼上,臧质贸然提出这个事情无异于想染指刘义宣的兵权,这正是刘义宣深为忌惮的。所以,他拒绝了臧质的建议。

见刘义宣这么没见识,臧质也不好多说什么,率所部前突至王玄谟大营外五里扎下营盘,刘义宣则带兵屯驻在了芜湖。次日,臧质借助风势,命令手下尹周之对王玄谟在西岸的堡垒发动攻击。面对臧质的强攻,负责驻守西岸的刘季之率领水师力抗叛军,并派人向王玄谟请求支援。然而,王玄谟不知是故意通敌,还是突然间精神失常,居然要求西岸的胡子反率部靠拢自己。对刘季之的求援,王玄谟也像是没看见一样,毫不在意。这时,王玄谟的部下崔勋之痛斥主帅的不作为态度,王玄谟脸上挂不住,只得派遣崔勋之和积弩将军垣询之率军救援。可是,战机已失,等到崔勋之两人到达西岸的时候,臧质早已攻克西岸的堡垒,崔勋之和垣询之二人均战死沙场。胡子反率领残部逃回东岸。事后,王玄谟为了推卸责任,斩杀了胡子反军副李文仲。臧质原本还想乘胜追击,一举吞掉王玄谟全部兵马。这时,大后方却传来不幸的消息。原来,薛安都趁着臧质和王玄谟鏖战之际,领了一支几十人的敢死队千里奔袭,到达芜湖刘义宣大营后大砍大杀,叛军死伤无数。刘义宣吃了一次亏,自然也长记性了,知道自己脱离臧质,麻烦事会不少,于是,三日后他又率部进抵梁山洲与臧质会师。

一个臧质本来已经够王玄谟喝一壶了,如今又添了刘义宣数万生力军。困守东岸的王玄谟按捺不住心中的恐惧,派友军垣护之给柳元景捎话说:"臧质突袭西岸，如今西岸全军覆没，我东岸所有人马加起来不过一万。如今，敌军是我军数倍，差距明显，不如我撤退至姑熟，和将军（柳元景）您合兵一处，共同御敌。"

王玄谟说得很是冠冕堂皇，但明眼人一看就知道这厮是想开溜了。按照王玄谟的尿性，一旦柳元景和他合兵之后，肯定要受到他的拖累。一旦官军和叛军激烈交战时，王玄谟突然败退，则柳元景所部也无法保全。所以，柳元景也让垣护之带话给王玄谟："出征之时早有言明，人在阵地在，岂能容你擅自离岗！况且，臧质与刘义宣虽然人多势众，但人心不齐，想赢他们很容易。现在，我率全军赶来和你汇合，共抗外敌。"

柳元景的意思很明确：撤退不行，违令者斩。但是，合兵可以，不过是我来你这。柳元景想以实际行动给王玄谟鼓气和树立信心。不过此时垣护之却给柳元景提了一点建议："敌军以为将军您坐拥数十万大军，所以不敢贸然出动。但您如果全军出击的话，那虚实可就被敌人看得一清二楚了。我看不如分一部分兵马留守大营虚张声势，另外率精锐部队驰援王玄谟。"垣护之在战局中十分清醒，甚至柳元景考虑不到的他都考虑到了。假如柳元景真的率所有兵马前去御敌，那一来是暴露了自己的行踪，二来也是给了臧质迂回包抄的便利。

听完垣护之的建议，柳元景连声说"行"。尔后，他将老弱残兵留在营垒，挑选出精兵全部派去增援王玄谟，垣护之的水军先行出发。垣护之回援途中恰好遇到攻打南浦的庞法起。一场遭遇战下来，庞法起全军覆没，逃回臧质营中。

由于庞法起和垣护之交战过程中，垣护之故布疑阵，让庞法起误以为朝廷主力军已到，所以撤回途中他在叛军中到处散布朝廷援军赶到的消息。这时，臧质向刘义宣再次建议，应当趁朝廷主力全部抵达前，全力进攻东岸的王玄谟孤军，等消灭了王玄谟，占尽地利，朝廷人马来了也不怕了。

但此时，刘义宣似乎又犯了疑心病。他的手下谘议参军颜乐之提醒道："臧质刚刚攻下西岸，如果再打掉王玄谟在东岸的人马，那大功可全归他了，您还是派自己的亲信去吧！"想是刘义宣集团的人还没搞清状况。如今，臧质就算打掉王玄谟也并非大局已定，只不过是在保命而已。一旦王玄谟和柳元景合流，再行决战，刘义宣的胜算已寥寥无几。

可是，刘义宣还是派了自己的亲信刘谌之和臧质一同前往。这时，王玄谟这边已经和垣护之的水军、薛安都的骑兵完成合流，面对叛军，也是全力以赴。薛安都率骑兵先行掠阵，垣护之的水师负责侧面进攻臧质的水上力量，王玄谟则率主力部队与叛军进行全面交战。

由于双方实力相当，战争很快又打成拉锯战，而薛安都再次命令副将谭金突入敌军右侧，冲击敌军阵型。在谭金疯狂的冲锋下，叛军右翼开始出现混乱，薛安都亲自提矛上马，率兵冲击敌军左翼。果然，叛军左右两翼纷纷乱了阵型。王玄谟的主力部队顺利穿插到叛军当中，刘谌之在乱军中被阵斩。这时，穿插到敌军后方的宗越又是一阵砍杀，将叛军后阵全面击溃。臧质再也掩盖不住败势，带着亲兵往西逃去。

与此同时，率领水师与叛军在长江鏖战的垣护之利用风向，一把大火将荆州军满江的战舰全部焚毁。刘义宣最引以为傲的荆州水师为之一空。

第四章 ⊙ 六叔的图谋

义宣伏诛（三）

紧随其后，王玄谟又发挥痛打落水狗的架势，集结所有兵马猛扑西岸的叛军，失去了臧质逞威的刘义宣俨然一头待宰的羔羊。在官军高歌猛进中，西岸的叛军几乎被全歼。

旌旗蔽空，火光耀天，流淌的江水再一次见证了成败兴衰，从曹操到桓玄，从卢循到刘毅，概莫如是。然而，与这些豪杰相比，刘义宣显然是太没胆色了，一场梁山洲之战便让他吓得胆战心惊。他抛弃大军，带着少数亲随找了艘小船西逃，一路上想的不是招揽降卒，而是一味躲在船舱内哭泣。他不知道，在他身后，仍有百余艘船追随着他，那都是忠心耿耿的荆州将士啊！他的举动寒了手下的心，这百余艘战船相继脱离了部队。

而裹挟着他起来造反的臧质呢？梁山洲失败的第一时间，臧质便逃回自己的驻地浔阳，一把火将其烧了个干干净净，带着姬妾和亲随欲投奔西面的旧部——西阳（今湖北黄冈）太守鲁方平。

鲁方平拒绝接纳他们入城。臧质又想投奔自己担任武昌太守的妹夫，哪知到了城下才知妹夫已经被杀。众叛亲离的他最后逃到了南湖（今鄂州五丈湖）。饥饿至极，他只能够采莲子充饥，不幸的是追兵也尾随而至。臧质只能跳入湖中，用莲叶遮蔽身体，露出鼻孔进行呼吸。可这掩耳盗铃的举措还是暴露了他，他被一个叫郑具儿的人射中，尔后又被士兵乱刀砍死。当时，臧质肠子外露，与水草交缠在一起，死状极其惨烈。

也许，直到那一刻，臧质才迫切地感受到：活着，真好。可是，没有机会了！当贪欲蒙蔽了他的双眼，当投机占据了他的内心，他便已经无法静心思考了。

　　臧质死后，首级被割下送往建康城。刘义恭建议孝武帝仿照当年处置篡汉的王莽一样处置臧质，用漆封好臧质的头颅，然后送入武库封存，作为警示后人的教材。孝武帝欣然应允。但是，刘义恭不会想到，自己对死者的不敬最终会追加到自己身上，真是活脱脱的现世报！

　　尔后，臧质的子孙全部被斩首示众，当初的党羽如刘怀之、杜仲儒等人也被斩杀。其余一些罪行较轻的从犯则被赦免，未进行大规模株连，这一点孝武帝确是做得不错。而一些在梁山洲之战中英勇殉国的将领也都得到了应有的追封。

　　随着主战场的落幕，另外两个分战场——雍州战场和荆州战场的战争也接近尾声。益州刺史派遣的韦崧率一万人马在江陵刚刚结束与鲁秀的战斗。留守江陵的竺超民先与韦崧作战，却折损了部下席天生，好在鲁秀及时赶到，阵斩韦崧，歼灭了益州军，保全了江陵城。虽然在荆州战场鲁秀赢得出彩，可在此之前的雍州战场上，他却因朱修之固守马鞍山而无法突破，只能悻悻而归。

　　至此，各个战场全部落幕，除鲁秀一部外，刘义宣的主力部队几乎全军覆没。也就是说，只要孝武帝愿意，刘义宣的败亡只不过是时间问题。

　　与此同时，刘义宣还在西行的逃亡路上。他到达江夏（今湖北武汉）时，听说朝廷已经在巴陵（今湖南岳阳）驻军，水路逃回江陵的道路被封锁。无奈之下，他只得选择从陆路返回。此时军心浮动，跟随刘义宣的部下四散逃亡，越来越少，只剩下十余人。平日里养尊处优的刘义宣哪受得了这种苦？他的脚磨破了实在无法行走，便派人向百姓借了一辆破车前行。途中找不到吃的，也只能靠乞讨充饥，一行人就这么凄凄惨惨来到江陵城下。

　　值得欣慰的是，由于之前鲁秀的出色作战，江陵城还没有沦陷。留守的竺超民立刻打开城门迎接刘义宣进城。为了安抚城内人心，竺超民还故意将迎接刘义宣的阵仗铺排得很大，造成南郡王凯旋的假象。此时，在江陵城内还有数万甲士，刘义宣的亲信便劝他动员各方力量，重整旗鼓，趁着朝廷主力还未西进巩固荆州。

考虑到这主儿常常智商不在线，亲信便编排了一段话："前番失利乃是臧质包含私心，不听将令所致。而今，我们应该吸取教训，整顿军队，操练士卒，以图东山再起。想当初汉高祖刘邦百败，终成帝业，项羽千胜，却亡命乌江。"

想想也可笑，亲信已然考虑到刘义宣不善言辞了，为何不精简一下话语，编出这么长一套？果然，刘义宣再次出丑，在讲到末尾之际，居然来了句"高祖百胜，终成帝业，项羽千败，却亡命乌江"，听得下面哈哈大笑——得了，千败之下的刘义宣也等着做亡命鬼吧！

义宣伏诛（四）

老大这么不争气，鲁秀和竺超民两人却还想收拢剩下的部众，与朝廷再决一死战。此时此景，任谁都知道刘义宣已是穷途末路，残兵旧将纷纷潜逃出江陵城，鲁秀他们也制止不住。

而刘义宣索性一头扎进后院，闭门谢客，终日惶惶度日，等待死亡来临。眼看刘义宣这副怂样，鲁秀的心也死了。回北边吧，遥想当初他们兄弟几人抛家弃业来到南国，本想建功立业，没想到上了刘义宣的贼船，不但失去可以洗白的机会，还搭上所有亲人。此时，鲁秀的心境应当是无比凄凉的，可又有什么办法呢，命运这东西当真难说啊！

鲁秀出逃魏国的消息让浑浑噩噩的刘义宣也激灵了一下。他明白鲁秀一走，自己的防卫等于虚设，同时也让他看到了自己生的转机。于是，刘义宣打点包袱，准备好干粮，带上自己的儿子和五个宠爱的姬妾，准备北逃出境。

但是，此时的江陵城因为混乱，局面已经失控。在出逃过程中，刘义宣等人怕暴露目标，只能弃马步行。部下竺超民得知老板开溜，出城将自己的战马赠给刘义宣，尔后回城维持秩序。

被此事一拖沓，出城后的刘义宣未能追上鲁秀，而平日里养尊处优的他越走越对前路感觉到渺茫。六神无主之下，他只得带着爱妾、儿子折返江陵城，白瞎了竺超民给他的好马。回城后，刘义宣发现自己府衙内的东西早已被席卷而空，就连床铺都没留下，一行人只得在地上睡了一夜。次日清晨，刘义宣尚在迷迷糊糊中就被戴上了枷锁。他睁眼才发现，逮捕自己的正是之前还忠心耿耿送马的属下竺超民。

有人不解，竺超民既然送马给刘义宣，为何又翻脸来抓他？其实，很容易理解。之前竺超民送马是顾及昔日的主仆之情，是为报恩，而此番抓刘义宣，则是为了家人至爱。众所周知，谋逆大罪是要株连九族的，如果竺超民抓住刘义宣献俘，还能减轻罪责，出于为家人考虑，他也不得不这么做。当初送马，昔日之恩早已还清，两不相欠，如今擒主，则问心无愧。

　　也正是因为竺超民重恩重亲，感动了远在建康朝廷的何尚之。在孝武帝要清算刘义宣一党时，何尚之极力诚情道："当初刘义宣仓皇出逃，平民凡夫便可将其捕获。假如竺超民是个忘恩负义之徒，凭他能力完全可以抓获刘义宣，可他非但没这么做，还赠送宝马，可见其人是个义士啊！尔后，他保全府库，严守仓库中财物不丢失，直至被捕（竺超民抓捕刘义宣后便封好仓库，坐等收押）。如今，我们倘若杀此义士，并灭其族类，是要让天下良善之人寒心啊，也堵塞了被不法之徒蒙骗的纯良之人从善之路啊！"于是，孝武帝坦然接受建议，赦免了竺超民和他的族人。当然，这是《宋书》的记载。《资治通鉴》则称竺超民被杀了，应是一处失误。

　　话说回来，刘义宣被捉后，一没骂孝武帝，二没骂竺超民，单单痛骂臧质，说是这个老贼害了自己。当然，九泉之下的臧质想必也一定在骂刘义宣畏畏缩缩，迟疑出兵坏了自己的大事。至于这对表兄弟究竟是谁坑谁，就不去深究啦！

　　值得说一下的是，刘义宣被收监后没几天，他的几个老婆便被人从其身边带走，隔离收监了。刘义宣号啕大哭，对狱吏悲泣道："这些日子还不算苦，今天和她们分别，这才是苦啊！"

　　梁山洲战役进行之际，雍州刺史朱修之被孝武帝加封为荆州刺史。等到刘义宣战败逃回荆州后，朱修之明白自己的机会来了，为抢先拿下新的封地，他集结大军南下。哪知道，半路杀出个宗越。急行军的宗越竟然赶在朱修之大军到达前进驻了荆州。宗越的秉性大家都了解，所到之处那是寸草不生。

进城后，他到处杀人放火，还掳掠了刘义宣的妻妾女儿供己淫乐。

然而，好日子没过几天，朱修之的大军便杀到了。朱修之一看宗越在自己的地盘上胡作非为，直接武力收押了他，将其革职查办。为防止刘义宣旧部再生事端，朱修之在狱中就杀掉了刘义宣，时年四十岁。一同被杀的还有刘义宣的十六个儿子，亲信蔡超等人则被族诛。

顺带再提一下鲁秀。遗憾的是，鲁秀并没有安全逃回北魏。逃亡中，士卒离散，无奈之下的他也只得折返，却在途中遇上官军，被官军射中后，落水而死。

战事至此全部结束，又到了论功行赏的时候了。作为孝武帝手下第一号大将，沈庆之虽然没有在主战场和臧质对阵，但分战场击杀鲁爽也让他进位镇北大将军，加督青、冀、幽三州（这三州基本也是虚名），开府仪同三司。但此时的沈庆之已经嗅到功高震主的凶险气味，他以自己年满七十为由，拒绝了这些封赏。孝武帝随后改封其为始兴公，再次被拒之。孝武帝随之任命其为侍中、左光禄大夫。沈庆之反应更强烈了，索性叩头请辞，以至泪流满面。孝武帝感慨苍头公居高位而不恃功，只得答应他的请求，允他暂退，并每月给其钱十万、米一百斛。

而作为梁山洲战役的决定性人物，孝武帝手下第二号大将柳元景得到的封赏也不少，被晋封为晋安公，开府仪同三司。柳元景效仿沈庆之，竭力保持低调，拒绝这一任命。孝武帝只得改封其为太子詹事，领侍中。其实，别看现在开府仪同三司很厉害的样子，其实到了南北朝后期，这东西最不值钱，就是个添头。在那个"乌纱大入斗，开府遍地走"的末世，你要做官没这个才奇怪呢！

作为此次战役三号人物的王玄谟也该受封了。虽然他在梁山洲战役中被吃掉一半兵马，但好歹大大拖住了臧质前进的步伐，孝武帝也是酌情进封。可此时有人捅出王玄谟在梁山洲和刘义宣互通款曲（其实，王玄谟是收过刘义宣的劝降书，但态度暧昧，不知其意如何），一怒之下的孝武帝当即将王玄谟罢官。

紧接着，四号受封人物是垣护之。他在江北战场上全歼徐遗宝所部，配合薛安都所部夹击过鲁爽，又在梁山洲战役中击溃臧质水师。面对这一系列功勋，孝武帝破格提拔其为益阳侯，都督徐州兖州豫州诸军事、宁朔将军、徐州刺史。

其他各参战藩将皆有封赏，荆州刺史朱修之晋爵为南昌侯，益州刺史刘秀之加军号为征虏将军，持节，晋爵康乐侯……

在这些功臣的名字中，唯独没有发现一个人的身影，即孝武帝当年座下第三号大将，乘风破浪的宗悫。此次战役期间，他并没有被派到战场上获得什么卓著功勋，因而与封赏失之交臂。而且，这阵子对他来说可谓是相当郁闷。何故？我们往后再说。

义宣伏诛（五）

该杀的杀了，该赏的也赏了，回过头来，我们再看这次刘义宣之乱。这场席卷整个刘宋帝国，使得各州刺史基本都被卷入的大混战究竟因何而生？又对孝武帝初年的政治格局产生了何等影响？

现在很多史料把这次叛乱归结于两点：其一，臧质的野心；其二，刘骏的荒淫。事实当真如此吗？笔者觉得这都不是主因，无论是臧质的野心抑或刘骏的荒淫都不足以成事，只能算这场大混战的导火索罢了。那么，深层次的原因究竟是什么呢？笔者归结为如下四点：

第一，元嘉年间北伐的后遗症。当初，刘义隆为了凑足资本和拓跋焘决一死战，曾在全国范围内扩军备战，这些部队后来又未能真正投入到战场，间接都成了各路诸侯充实自己资本的媒介，毁了元嘉之治，却肥了地方军阀。

第二，孝武初期的政治局面。之前也讲到了，讨伐刘劭后，刘宋帝国内部形成了以孝武帝、刘义宣、刘诞为首的三股势力，三者并存增加了政局的动荡性。

第三，孝武帝改革政令的颁布。虽然对手下劝谏之人的一些激进性意见孝武帝没有理会，但是"贵族子弟一律不得经商"这一条却被其推行下去了，而且还将这条引入到军队治理中。但如臧质之流的中下级军官都是靠着元嘉两次北伐以及讨伐刘劭起家的，依靠发战争财敛资无数，这道政令无疑是催化军人集团暴动的加速器。

第四，世家大族在背后鼓噪弄事。士庶之争贯穿了整个刘宋王朝，不甘心失去权柄的世家大族不放过任何一个可以挑事的机会，不遗余力地给刘宋政权找茬添乱。

那么，这场战争对刘宋王朝的走向会有什么影响呢？我们要一分为二来看。从积极的角度说，这场战争打掉了刘义宣集团，为日后刘骏消灭刘诞集团减轻了不少压力，有助于"三头执政"局面的终结，也有利于恢复君主集权。往消极方面看，莫过于因为这场战争，使得孝武帝对宗室的猜忌之心更加强烈。他觉得宗室起兵有时并非为了大义，利益驱使则会引发其谋逆之心。也因这一层猜忌，孝武帝后来出台了"典签制度"。手足相残并没有因为弑父元凶刘劭的毙命而终结，反倒是愈演愈烈，最终为外戚萧道成窃取了政权。

孝武帝对于宗室的猜忌很快就在战后表现出来。作为刘骏仅存在世的五叔刘义恭成了第一个被瞄上的目标。刘义恭很会揣摩上面的心思，自请辞去录尚书事一职。孝武帝见五叔这么识趣，倒也欣然应允准奏，仍保留其南徐州刺史一职，将其逐出中央。而此时，中央大权基本落到卫将军刘诞、尚书令何尚之、尚书左仆射刘宏、尚书右仆射刘延孙、领军将军柳元景、吏部尚书谢庄、丹阳尹颜竣等人手中。几个"常委"里，刘骏的人马占了半席。但这张列表只是参考数字，是给外人看的，真正的大权还是掌握在以戴法兴为首的寒门内廷手中，外边的人只不过是装饰门面而已。这一年是孝建元年（公元454年），也就是说，在孝武帝夺位的第二年，国内就爆发了一场大的叛乱，孝武帝非但没有因为这场叛乱而下台，反而顺势重新改组了中央。

看完中央的当权者，我们再把目光投向地方。看看重新洗牌过后的各州刺史都是何方人士吧：荆州刺史朱修之、南兖州刺史檀和之、南徐州刺史刘义恭、江州刺史刘祎（刘骏八弟）、湘州刺史刘义綦、郢州刺史萧思话、徐兖二州刺史垣护之、兖州刺史夏侯祖、青州刺史申恬、冀州刺史明胤、豫州刺史王玄谟、雍州刺史刘浑（刘骏十弟，不久阴谋发动叛乱，被杀后刘延孙接任）、梁州南秦州刺史梁坦、益州刺史刘秀之、宁州刺史尹怀慎、广州刺史宗悫、东扬州刺史刘昶（刘骏九弟）。

不知细心的读者们是否发现，细数下来，刘宋居然有十九个州，除了经常拆拆并并的老州和侨州，还出现了两个新的州郡——东扬州和郢州，这又是怎么回事？原来，刘义宣的叛乱让刘骏意识到，荆州作为长江中游的大州，时时刻刻威胁着建康的安全，虽然已经分出了湘州，还得再细分。于是，荆州的江夏郡、竟陵郡、随郡、武陵郡、天门郡五个郡，外加从湘州分出的巴陵郡、从豫州分出的西阳郡、从江州分出的武昌郡，一共八个郡组成了新的州——郢州，州治所就设在江夏（今湖北武昌）。同时，原隶属于荆州的南蛮校尉一职也被撤销，部队收回中央，这一方面是出于对荆州军事实力的打压，另一方面也是荆州方面对于山越的清缴工作基本结束了。

作为京畿重地的扬州，也成了孝武帝要分割的另一块版图。有人好奇，孝武帝何必要自削实力？其实，我们看此时的扬州刺史——刘诞，或许就明白了。同时，荆、扬、江三州门阀士族数量极多，为防止他们互相勾结给国家添乱，从行政区划上分隔他们也是明智之举。于是，孝武帝将浙江以东的会稽、东阳、永嘉、临海、新安五个郡从扬州分割出来，新成立了东扬州，治所设置在会稽。

孝武帝此举是否有不妥之处？答案是肯定的。重新设置州郡，必然造成官僚机构庞大，国家经费开支超标。当然，这也是为了国家安定不得已而为之的，花钱维稳。

重整朝纲

刘义宣死后不久，宗室里又出了一档子事，这还得从刘骏的十弟刘浑说起。

说起这个刘浑，就是个十足的混球。当初宋文帝死后，诸皇子前去哭陵，他居然和一旁的大臣玩起了恶作剧，毫无悲戚之感。

此时，他被刘骏任命为雍州刺史，志得意满的他竟然与身边的亲信搞起了"大有国曾应龙"的把戏，草拟檄文，自称"楚王"，改元楚王，设立百官，俨然一副另立朝廷的架势。虽然周围熟悉他的人都知道这是恶作剧，可孝武帝看在眼中却不是滋味，不会又是一个不孝的刘劭吧？于是，孝武帝将其废为百姓，开除宗室身份，流放广西。此后不久，又派人毒死了刘浑，时年十七岁。

有人认为此举过火，但要知道，检举刘浑的王翼之恰恰就是书圣王羲之的曾孙，从他的身份我们或许可以发现点什么。刘浑死后，宋文帝十九个儿子只剩下十二个了。除孝武帝刘骏外，分别是六弟竟陵王刘诞、七弟建平王刘宏、八弟东海王刘袆、九弟晋熙王刘昶、十一弟湘东王刘彧（刘休炳）、十二弟建安王刘休仁、十三弟山阳王刘休祐、十四弟海陵王刘休茂、十五弟鄱阳王刘休业、十八弟桂阳王刘休范、十九弟巴陵王刘休若。

对剩下的几个弟弟，孝武帝也是疑心重重，但考虑到他们都还年幼，本着能不杀就尽量不杀的原则，也不去过多处置。搞定了刘义宣，朝中还能威胁孝武帝的也就剩下刘诞了，对这个六弟不得不防。

此时的刘诞又是怎样一个情况呢？当初讨伐刘劭时，刘诞麾下的东军取得了奔牛塘大捷。在讨伐刘义宣过程中，刘诞又义愤填膺地反对孝武帝将玉玺拱手让人。虽然孝武帝知道自己是做戏，可到了老百姓嘴里就变了味，感觉平叛能够胜利都亏刘诞的坚持。刘诞其人在宋文帝诸子中的确是个另类。

宋文帝的几个儿子，有如刘浚这般不学无术的，有如刘浑这般无恶不作的，有如刘劭这般心狠手辣的，有如刘宏这般才学出众的，有如刘𬱖这般痴傻愚笨的，有如刘骏这般快意恩仇的。但这些人里，却很少如刘诞这样善于钻营。刘诞品才俱佳，也极其会钻营，否则不可能迅速攀上徐湛之这根高枝，也不可能将美名播洒至百姓口中。乃至于刘诞府邸兴建时，雕楼画栋，巧夺天工，底下人也没有谁说不好的。在他们眼中，这就是刘诞的标配。若换成别人，早被民众骂死了。而孝武帝呢，除了加封其为司空，间接架空其兵权，也没有办法遏制其获得人望。

这时，孝武帝又想起自己的五叔刘义恭了，觉得这个唯唯诺诺的五叔在自己身边比六弟要听话许多。于是，孝建二年十月，孝武帝命令刘义恭和刘诞官职对调，刘义恭成了扬州刺史，入京辅政，而刘诞则成了南徐州刺史，跑去京口出镇地方了。为了给自己这个老好人五叔一个补偿，孝武帝特赐予刘义恭"入朝不趋，赞拜不名，剑履上殿"的权力。但刘义恭却很识相，在拒绝这些特权的同时，还坚决请辞侍中等其他官职。等到来年，他更是将扬州刺史一职让给了孝武帝年仅六岁的儿子刘子尚。

对于这位五叔，孝武帝此刻是真正放下心来，把他当作自己人和沈庆之、柳元景一般看待。孝建三年，刘义恭被封为太宰，领司徒一职，扬州刺史如约给了自己的儿子刘子尚。

在此期间，为了抑制宗室的势力，孝武帝还出台了一个政策——典签制度。典签最初的职能是负责呈报地方长官的意见，直接隶属于皇帝，属于检查性质的官员。刘宋时期，出镇地方的皇子年龄偏年轻化，典签一定意义上也成了皇子的监护人。在之前，典签和刺史权力是此消彼长的。刺史强硬，典签就软一些；刺史软一些，典签就很强硬。到了孝武帝时期，刘骏通过委任有真才实学的寒门士人担任州镇军府掌管文书的典签，使其往来于朝廷与州府之间，让他们负责传递州镇各项要务上报给中央审核，同时负责监督，传达中央命令，辅助地方州镇长官处理事务。

这样一来，州务一般就不再取决于刺史，而是皇帝任命的典签，如果典签不同意，刺史不得单独执行政令。这主要因为孝武帝不轻信士族大官，任用亲信担任典签，以分割地方官员的权力，起到分权制衡的效果。自此以后，州镇起兵反抗朝廷的可能性被大大削弱。到了萧齐时代，典签的权力甚至远远超过刺史和出镇地方的皇子，对州长也有严格限制。萧鸾正是凭借典签制度的便利，一股脑清洗掉了齐高帝和齐武帝一脉的亲属。

自打孝武帝确立了典签制度后，刘宋王朝整体形成了"寒人掌机要、武夫掌兵权、典签控州镇"的格局。"典签控州镇"我们已经理解了，那"寒人掌机要，武夫掌兵权"是什么意思呢？

在东晋，机要事务是掌握在士族手里的，兵权也是掌握在高等门阀内的，而州镇大权也是士族、悍将、宗室均摊。可是，士族门阀的堕落让他们根本无法处理好所有政务，更别说领兵打仗了。所以东晋北伐时除了祖逖、苏峻、陶侃、刘牢之这类从底层摸爬滚打上来的人有所建树外，褚国丈、庾国舅、殷中军等的表现一个比一个丢人。桓温是士族里唯一的一个异类，可能也是因为他的出身吧！

到了孝武帝朝，刘骏开始以中书舍人戴法兴、巢尚之、徐爰等人处理中枢机要事务，而由士族担任的尚书令、尚书仆射只剩下在公文上签名的权利，"寒人掌机要"的政治局面由此形成。而沈庆之这样的寒门出身，以及柳元景侨居江南这样的武人，先后被提拔为三公，门第也由此跻身高门，就此开创了南朝寒门庶族以军功升为三公的先例。

让武将掌握兵权，对南朝军事上的软肋有很大治愈作用。当然，刘骏改革军制的措施，后面还会提到。正因为实行了这些促进军力的措施，孝武朝才打出了一场漂亮的"青州之战"。

此外，刘骏还听从臣下建议，大兴儒学和完善礼乐制度。这些事情大致为刘骏从孝建元年到孝建三年做成的。虽然孝建这个年号刘骏只用了三年，但在此三年中，他加强了皇权，推出了一系列影响后世的积极政策。美中不足的是"刘义宣之乱"，所幸破坏性不是很大，客观上有助于"三头执政"局面的瓦解。

不过，从孝武帝改元大明后，刘宋政权便在上升过程中出现了偏差，在大喜大悲中沉沦。那么，孝武帝期盼的"大明盛世"缘何偏离了正轨，非但没能成为中兴之世，还成了刘宋乃至整个南朝江河日下的转折点？

第四章 ⊙ 六叔的图谋

第五章

攘外与安内

大明之世

公元 457 年正月初一，刘宋孝武帝刘骏改元大明。相对于孝建时期的三年，大明八年期间发生了更多更冗杂的事物，孝武帝也得以放手去推行更多的政策。事与愿违的是，许多政策最终草草收场，帝国也随之沉沦……

经过三年的皇权巩固，孝武帝的皇位此时已经稳定。与此同时，他所提拔起来的一批宠臣也开始忘乎所以。正如之前所说，寒门一朝得势的难看吃相曾让宋文帝困扰不已，这个问题同样也让孝武帝感到很棘手。

首先就来说说颜竣。孝武帝讨伐刘劭期间，曾忽患重病。彼时，颜竣一边充当着"影子刘骏"，一边亲侍汤药，让孝武帝度过了那段最困难的时期。向来重感情的孝武帝自然感激这位共患难的亲信，遂给予颜竣的地位和尊崇也是一般人无可比拟的。

孝建三年，颜竣的父亲颜延之去世，终年七十三岁。按照常礼，颜竣需要服丧三年，其间不能做官。可刚满一个月，孝武帝就提拔他为右将军，再次担任丹阳尹。颜竣也知道这么做不妥，上表推辞。可前后上书十余次，刘骏就是不允，还亲自派中书舍人戴明宝带着御赐的彩衣给颜竣换上，取代了丧服。戴明宝又将颜竣抱上车，一路送到官衙。

孝武帝罔顾舆论压力给颜竣这些便利，是出于对老朋友的照顾，更多的是希望颜竣做些实事。那么，颜竣是如何回报孝武帝的呢？他当然也努力做了些实事，并且经常规劝孝武帝。但他自认为是皇帝为武陵王时的旧臣，劝谏时想什么就说什么，渐渐引起了孝武帝的反感。不久，颜竣觉得孝武帝有意疏远自己，假装上书请求外派来试探孝武帝。哪知，接到颜竣的奏折后，孝武帝顺水推舟，任命其为东扬州刺史，出调会稽了。这么一来，颜竣无计可施了。

这一幕不由得让我想到电视剧《走向共和》里的一段：康有为为了试探慈禧是否真心想放权给光绪，派人上折子参李鸿章。如果慈禧不过问，说明真心想放权；如果有所行动，则相反。仔细思量，这个举动是个毫无意义且无后手的烂招，等于搬起石头砸自己的脚。如果慈禧真有所行动，维新派如何收场？不还是死路一条！颜竣这么干等于是坑了自己一把。其实，这也不能全怪孝武帝，颜竣有个很不好的习惯，就是在朝野安插自己的人马。颜竣处理政务很苛刻，底下人经常受到他的谩骂，但同时也有机会获得拔擢，而同为吏部侍郎的谢庄，对人总是报以微笑，却赏罚分明。

谢庄这种与人为善却公私分明的做法无疑是守规矩的。颜竣这种广布党羽的行为则是拿着国家资源去散私恩，这让孝武帝想起一个人——刘湛。当初，文帝朝的刘湛不就是在朝中安插党羽吗？此举犯了官场大忌。

孝武帝决不允许旧事重演。当然，孝武帝或许仅仅是为了让颜竣长长记性，所以在他外放后不久，借颜母去世的契机，孝武帝又把颜竣拉回中央，待遇犹如以往。但颜竣好像并不明白孝武帝的良苦用心，反倒憋了一肚子气，时常在朋友面前非议朝政，对孝武帝的行为指指点点，相当不满。

与颜竣相反，老将沈庆之却不热衷于仕途和权力，告老还乡后，反倒急着买田置地，敛财聚富。他在娄湖有一座别墅，将一家老小都迁到那里居住，还指着田园对儿孙们说："以后钱都出自这里。"虽说沈庆之没有搅进官场的是是非非，但凭借着自己的先天条件，广开良田，也在一定程度上违背了孝武帝孝建年间制定的"贵族一律不得经商，与百姓争利"的法令。虽然他不是贵族，也不算经商，但确实是夺了百姓之利。

除了颜竣和沈庆之，刘骏称帝后提拔起来的一批寒门士人也不怎么清廉，在戴法兴、戴明宝和巢尚之三人身上犹为突出。戴法兴和巢尚之精通文史，文学素养很高，平时负责起草孝武帝的政令和诏书，而戴明宝则主要负责杂务后勤。他们这几个人形成的小圈子就是"内廷"，朝政全决于此。他们虽无丞相之名，却行丞相之实。大权在握的他们也趁机收受了不少贿赂，并以此举荐了不少前来求官的人给孝武帝。

种种变化表明，大明初年，孝武帝手下的这批臣僚已经开始堕落和腐化。"与善人居，如入芝兰之室，久而不闻其香，即与之化矣。与恶人居，如入鲍鱼之肆，久而不闻其臭，即与之化矣。"孝武帝不是圣人，在和这帮堕落的臣僚接触之中，或多或少地会受其影响。

其实，后世的腐败从大明初年已经能看出一丝苗头了，但造成后来局面的原因还有不少，需要我们剥茧抽丝，逐一去寻觅。

改革军制

自打元嘉二十七年的北伐之后，刘宋王朝的兵戈几乎一刻都没停过。在与索虏的交锋中，孝武帝也意识到自身军力的薄弱。为了扭转这一局面，大明初年，孝武帝首先做的一件大事就是改革军制。

具体是如何实施的呢？我们先从一些小的方面来看。首先，孝武帝在处理完刘义宣事件后，废除了荆州长期存在的南蛮校尉一职，将所部收编中央。而在刘宋境内，各州除了各自的卫戍部队以外，还有两处有额外军队编制的权力。一个是我们之前提到的荆州的南蛮校尉，还有一个在云贵地区设立的宁蛮校尉，这两个校尉是专门负责处理当时刘宋境内的少数民族问题的。

考虑到这两个地方的少数民族问题比较严重，所以增设两个校尉以备不时之需。刘骏早年在荆州坐镇消剿山越，荆州一带的山越外族基本被清扫干净了，此职位已形同虚设，无疑是增加国家的额外开支。为了限制荆州刺史的权力，刘骏也确实得削弱一下荆州的军力，南蛮校尉势必首当其冲。

在裁撤掉南蛮校尉后，孝武帝又裁撤掉了五兵尚书一职。大家对"五兵尚书"这个称谓肯定有些陌生，其实是后来隋唐时期兵部尚书的前身，最早由曹魏设立。而五兵囊括中兵（京城的中央军）、外兵（地方军）、骑兵、别兵（少数民族部队）、都兵（仪仗队）这五个兵种。和平年代，这个职位是必须设立的；战争年代从实际情况出发，各部队都由自己的长官直接领导，可以完全跳过这个职位。五兵里涉及的如别兵这类，在刘宋也是未成形的，也是一个可以废黜的虚职。

搞定这两个小的方面，接下来，孝武帝的一项重大改革举措便是重新恢复"征兵制",用以取代"世兵制"。大明二年(公元458年),孝武帝下诏罢除军户。大明七年(公元463年),孝武帝发布诏令正式废除世袭军职和世戍边防的制度,即"世兵制"。汉末兴起的"世兵制"从此退出南朝的历史舞台,"征兵制"和"募兵制"取而代之。

乍一看,大家或许会蒙,征兵制、募兵制、世兵制,这都什么啊?别急,笔者慢慢来解释。

先说三者中最古老的征兵制。征兵制起源比较早,大致在春秋末期得到广泛推行,这得益于该时期各国的变法。最出名的莫过于商鞅变法。征兵制军制改革属于商鞅变法中的重要一环。当然,在征兵制之前还是有更古老的兵制,但与本文内容无关,我就不多赘述了。征兵制的特点是征召义务兵,国家不再实行比较原始的"兵农合一",而是保持一支战斗力高昂的常备兵,以此适应战国时代动辄大规模敌我厮杀的大环境和大兵争。战国时期是从奴隶社会向封建社会的过渡时期,广大奴隶成为平民,为国家提供了充足的兵源,征兵制有了可能的条件。

当然,从战国到秦,征兵制还不够完善,普遍兵役制度迟迟没有制度化。到了汉代,中央政府基本建立了普及义务兵役制度,但复员制度还不健全,汉乐府中"十五从军征,八十始得归"即是这种现象。转眼到了三国,东汉末年那场"黄巾之乱"席卷了半个中国,让中国人口锐减了数百万,在人口基数只有几千万的两汉时期影响是相当惨烈的,全国再也无法提供充足的兵源。而且,东汉末年天子失威,也没有一个强有力的朝廷进行征兵。在这种情况下,征兵制无法继续推行,世兵制应运而生。

世兵制起源自汉末的质任制。当时,军阀为避免士兵逃散,将其家属集中管理,形成军户。由于长年战乱,最后出现专司作战的"军户""士家",子承父业,甚至祖孙三代都为兵,而且年老后也不能退役,改为从事后勤运输方面的工作。世兵制是对东汉征兵制的重要变革,并逐渐取代了后者,保持了稳定的作战力量。

鉴于兵戈连年不休,世兵制主要有以下几个基本特点:

一、兵士终身当兵,父死子继,兄终弟及,世世代代为国家当兵义务。国家的主要兵源是兵士子弟。兵士不得解除世代当兵的义务,除非在作战中有突出表现,经过特殊手续批准,作为奖赏方可。一般兵士解除当兵义务,基本不可能。

二、兵与民分离。兵士之家即士家,另立专项管理的户籍,称为士籍。入士籍,不允许改为民籍。

三、兵士的家属,集中居住,集中管理,实际上是作为人质。

四、为了保证兵士人口的再生产,士家在内部婚配,不与平民通婚。

东吴的孙权还在世兵制的基础上开创了"世袭领兵制",即"部曲制"。规定将领享有领兵权,并且代代相传,将领死后,子弟接替统领父兄故兵,由长子、长孙世袭;无子,由弟继承;子弟幼弱或有罪的话,经吴主指定,由别人暂为代领。一旦子弟长大或罪责被赦免,经吴主批准,即归还故兵。世袭领兵制使兵将结合空前紧密,提高了部队战斗力。

世兵制的诞生符合当时的实际情况,但在真正运行过程中,随着时间推移,还是出现了诸多情况,比如接连的战乱会让兵户之间出现断层,进而造成兵源危机。同时,祖祖辈辈终身束缚在军籍上,也极大挫伤了兵户们战斗的积极性,比较严重的后果就是酿成了东晋末年的"孙恩之乱"。

那么,孝武帝缘何又要恢复征兵制呢?笔者认为主要有三方面原因:其一,刘宋初期政治清明,国力强盛,而孝武帝也想把征兵权集中到中央;其二,经过元嘉三十年的休养生息,人口基数还是增长了不少,提供了兵源基础;第三,世兵制的恶劣影响让军队战斗力每况愈下,为确保以后的北伐战争,孝武帝也需要加强军队实力。

总而言之，孝武帝的军制改革成功与否，只需要通过一场战争来检验，而接下来的青州之战则证明了孝武帝此举是高瞻远瞩的。

决战青州（一）

演习、军改，为的是什么？为的就是在大战来临之际，军队能打硬仗，而且打则必胜。同样，孝武帝狠下决心抓军政，也是为了确保日后再和北魏打全面战争的时候，能战且必胜。

这机会不期而至。虽然没有打成全面战争，但刘宋和北魏还是围绕青州打了一场场面不小的局部战争。而孝武帝军事改革的成果更在这场战争中有了精彩的体现，一战打出了"宋武遗风"，远比宋文帝元嘉三次北伐更大快人心。

说起青州之战，先得说说孝武帝早年"青冀并镇"一事。孝建三年（公元456年），考虑到冀州州治历城（今山东济南）属于军事要地，但又不是险地，孝武帝将青州原先的州治东阳城撤销，然后青冀统归一州，并镇驻防。而两州并镇之后新的州治就是历城。此论一出，大臣们纷纷持反对意见，一致认为一州的州治怎么能亲临第一战线呢，而且还把两个州给并在一起。大明朝倒是流行"天子守国门"，可落得什么下场不是显而易见么！

不过，此时曾经在青冀两州长期担任过一把手的宁朔将军垣护之有话要讲："青州的北边是黄河，池沼众多，显然不是每次北魏南下的主攻方向，但每次索虏南下掳掠却必经历城，此时将青冀二州合并，州治定在历城，那是强大北方边境的大战略啊！"到底是从军事角度看问题，垣护之一眼就瞧出孝武帝是在下一步大棋。尔后，垣护之又补充说明："青、冀并镇，一来有利于增加我军防备力量，二来也有利于北方的百姓归附。这是一举两得的好事，更是向北方索虏宣示我朝国威最直观的举措，有利于安邦定国！"

如此一说，孝武帝也立刻找到了知音，明白有人懂得自己的意图了。于是，他力排众议，下诏将青州州治由远离前线的东阳移并到第一线的历城，与冀州并镇。

孝武帝的这一举动引起了北魏的敏感，可以说成了青州之战的一个导火索。那么，自从宋文帝三次北伐之后，刘宋和北魏之间的关系又经历了怎样一个时期呢？

据《宋书·索虏传》记载："世祖即位，索虏求互市，江夏王义恭、竟陵王诞、建平王宏、何尚之、何偃以为宜许；柳元景、王玄谟、颜竣、谢庄、檀和之、褚湛之以为不宜许。时遂通之。"意思是，孝武帝即位后，北魏曾派出使者乞求双方在边境地区进行"互市"，而当时的大臣们分为两派，以刘义恭为首的宗室和文官主张同意，而以柳元景等为首的军方及孝武帝的恩幸人员则主张拒绝。但是，经过双方争论后，孝武帝还是同意了北魏的乞求。

这个"互市"用今天的行话来说就是双边贸易，而在当时的贸易过程中，虽然论农业经济南方还赶不上北方，但由于衣冠南渡带来的优势文化，使得南朝在贸易中基本处于出超地位。也就是说，做生意还是南朝比较占优势，可为什么又会中断"互市"呢？那时的南朝人士崇尚气节，即使知道自己做生意能赚钱，也深知对方是敌国，资敌是万万要不得的。而刘宋政府也很硬气，就算武力对抗持平，也要用经济制裁惩戒索虏。

在对抗过程中，孝武帝发现自己要北伐所需的一些铁矿、马匹等都得通过贸易从北边获取。既然这次北魏乞求"互市"，那索性做个顺水人情。这种贸易仅限于民间边境交易，政府没有出面表示明确态度，也就是说，双方高层还是持敌视态度。

到了孝建三年（公元456年）年底，刘宋发生了一件大事——濮阳太守姜龙驹、新平太守杨自伦率辖区内大批百姓窜逃北魏。两人为何要潜逃北方，其中原委如今已不得而知，但据之前的一些资料，还是可以推断出其窜逃的原因一二。

首先，这两个郡县属于侨置郡县，而孝武帝在位期间是在大力消除侨置郡县，所以一些政治举措必然会损害侨置郡县的利益，或者说是取消了他们之前的一些特权。毋庸置疑，这是最根本，也是最深层的原因。

其次，由于刘宋北魏双方"互市"，北魏趁机对刘宋边民进行渗透和演变。这类招数对沐浴在刘宋温和政策下长大的一代人来说并没有什么用，但对那些"两边倒"的流动人口来说，却是大大的有利。他们当初南下可不是为了什么"诸夏亲昵"，而属于"有奶便是娘"的那类。在北魏遭迫害就南下，南下待了几年发现北魏开始优待他们，又继续回流。那么，这批人回流后真的受到优待了吗？未必吧，兴许过几年他们就成了北伐柔然的炮灰。即使如此，北朝仍有为数不少的一批边民从事着年复一年的此类活动。

姜龙驹叛逃事件一下子点燃了孝武帝内心那股无名之火，也让刚刚缓和的宋魏关系陡然紧张，双方边境局势对抗升温。在这样的大环境下，也有了开头提到的"青冀并镇"一事。孝武帝做这件事从本质上讲并不是故意在制造事端，而是确保在战争突然爆发的情况下，刘宋有应急机制，不至于让元嘉二十七年被索虏一直推到长江边上的那一幕再重演。

但在索虏眼中却不是这么一回事：青冀并镇搞什么？不想和平了么？想干仗么？那就把你打回旧石器时代！所以，强盗的逻辑有时真的令人费解。他们打着"互市"的幌子，引诱边民在先，而孝武帝只是在自己帝国内部变更行政区划。果然，前几年还热情满满乞求"互市"的北魏，很快就与刘宋撕破脸皮，在大明元年（公元457年）二月悍然发动武装入侵，兖州一带最先受到袭扰。

第五章 ⊙ 攘外与安内

决战青州（二）

边境告急，时任东平太守的刘胡率军出击，却被魏军击溃。刘胡本名叫刘拗胡，但此三字读起来太拗口，就直接改名刘胡了。这个刘胡属孝武帝的旧部，但他和柳元景、沈庆之等人又不同，人家是从小将攀升的，刘胡却因家境贫寒，只能从底层士兵做起。但由于他作战勇猛，加之雍州清剿山越又是个刷经验的好差事，所以，刘胡的官升得很快。等到参与讨伐刘义宣的战役时，刘胡已经做到雍州刺史朱修之手下的将领级别，还在鲁秀进攻的时候击退过他。战后，刘胡即被任命为建武将军、东平阳平二郡太守。

如今，北魏有备而来，刘胡手里的这点兵力确实不够塞牙缝的，只能向建康城的老东家孝武帝求援。孝武帝随即诏令太子左卫率薛安都和东阳太守沈法系率骑、水二军，北上会师彭城的申坦所部，共同抵御索虏。临行前，孝武帝还郑重其事地叮嘱薛、沈二人道："假如你们与敌人遭遇，便奋力破敌。如若到达后发现敌人已经脱离战场，即可渡过黄河，向敌人示威后撤离。"这话孝武帝只对薛安都才会说，也只对薛安都说了才有用。

果不其然，事实证明这确实只是北魏的一次试探性入侵。当薛安都到达战场后，索虏已经望风而逃。既然出来一趟，也不想无功而返。这时，申坦请求孝武帝授意他们借此出兵的机会，剿灭掉边境一带的悍匪。申坦所说的"悍匪"是指当时在任城（今山东济南市南）周围密林中的一批强盗。这些强盗盘踞在此处已有些年头了，至少比孝武帝当皇帝的时间要久。他们时不时就骚扰乡民，当地百姓认为他们比索虏更可恶，称其为"任榛"。申坦作为一方父母官，自然想为百姓除害，便借机请求孝武帝批准这次行动。

孝武帝也觉得此次出征不能徒劳无功，便同意了申坦的请求。申坦随即命薛安都率领先头人马进驻左城，切断悍匪北逃进入魏军境内的后路。但左城这个地方比较微妙，距离魏军驻守的滑台只有两百余里，一旦战斗打响，宋军极有可能受到魏军和匪军的两面夹击。所以，薛安都拒绝了申坦的指令，而是进驻了东坊城。在东坊城，薛安都所部遭遇到了悍匪的斥候，结果在抓获过程中跑掉了两个。也正因为斥候跑掉了，悍匪提前得知消息，在宋军发起进攻时便消失得无影无踪。

这次剿匪行动功亏一篑。孝武帝大为震怒，对三人劳师动众而一无所获的结果予以追究：薛安都和沈法系被削去一切爵位，主帅申坦则被直接投入监狱等候处斩。大臣们眼见孝武帝仅因此事就要杀一个封疆大吏，纷纷为申坦求情，孝武帝就是不为动容。

这时，赋闲在家的沈庆之坐不住了。作为申坦曾经的老上司，他自然不希望老申头就此白白送了性命，也深谙单纯劝谏孝武帝是毫无作用的，遂想到用另一种方式打动孝武帝。

就在申坦即将行刑的时候，沈庆之突然闯入法场，抱着申坦痛哭流涕：“今日，你无罪被杀，老夫在此闹市哭祭于你，马上我也要随你到九泉之下去了啊！"官员们当然知道沈庆之在孝武朝的地位，赶忙把这一情况汇报给孝武帝。孝武帝向来是个重感情的人，如今看到申坦和沈庆之感情甚笃，内心也为之感动。于是，他下令免去申坦死罪，将他收监回大牢，不久便赦免其出狱，还官拜骁骑将军。

沈庆之平素明白孝武帝的性情，才想到用"动之以情"这一招。假使孝武帝是个薄情寡恩的君王，就算真的和申坦一块去死只怕也毫无用处。当然，这里也得感谢刘宋朝宽松的刑罚制度。这要搁在清朝，无论是谁私闯法场都要一律正法。

申坦的事情刚告一段落，北方的局势又陡然升温。仅隔了一年，即大明二年（公元458年），宋魏双方在边境又爆发了一场战争。下半年伊始，孝武帝围绕黄淮防线进行了新一轮的部署：七月，孝武帝调任亲信颜师伯为持节，辅国将军，都督青冀二州，东安、东莞、济济北三郡诸军事，接替了垣护之青冀二州刺史一职；调任自己表叔刘道隆、沈庆之侄子沈僧荣分别担任徐州、兖州刺史，接替长者沈昙庆。而垣护之和沈昙庆分别调回京师担任右、左卫将军。

此外，孝武帝又恢复了刘义宣之乱后撤销的司州建制，任命刘季之担任刺史。表面上看，这一系列人员调整是为了对抗北魏的南下，同时也为制约孝武帝的另一处心头之患——六弟刘诞。此时，刘诞担任的官职是南兖州刺史，都督南徐、南兖、兖州、青州、冀州、幽州六州诸军事。孝武帝此番调动塞了不少新人进来，这也是出于架空刘诞的考虑。

这里，再简单介绍下刘道隆。按辈分算，刘道隆是刘骏的族叔，其父刘怀默是宋武帝刘裕阿姨家的儿子。刘裕小时候是吃姨娘奶水长大的，尤其是刘怀默的哥哥刘怀敬还因老妈奶水给刘裕喝了，自己喝不到娘奶营养不够显得有些痴呆。所以，刘裕对姨娘一家一直很照顾。宋文帝刘义隆却以贪污罪处死了时任雍州刺史的刘怀敬的儿子刘真道，一同被杀的还有名将裴方明。刘怀敬和刘怀默还有个兄弟叫刘怀慎，他有个儿子就是当初刘裕北伐后秦时，和朱超石一起大摆却月阵的刘荣祖。

以上一系列恩怨纠葛让重情的孝武帝也觉得挺对不住姨祖婆一家的，这次委任边将其实也有报恩的因素掺杂其中。当然，刘怀慎还有个儿子叫刘德愿。据说，这个远房伯伯小时候经常逗刘骏玩，所以孝武帝也一直很感激他家。

决战青州（三）

这么安排下来，自己人是插进去了，刘诞也被架空了，边境也重新洗了一遍牌。一个关键问题出来了：一旦边境有事，镇得住场面的人在哪里？此前好歹还算有垣护之这种久经沙场的悍将坐镇，但现在垣护之调回京师。边境上去的一批要么像颜师伯一样只会赌钱，要么像刘道隆那样本分做事。

搞完这些人事变动，刘骏也有些急了，究竟该派谁负责全面布局和索虏抗争呢？经过一番筛选，刘骏将此前一直在广州的宗悫老将军调来前方。如今的刘宋朝，从沈庆之、柳元景下来就得数这个"乘风破浪"的宗悫了。沈庆之退休在家，柳元景身担京畿重任，能调来的也只能是宗悫了。

孝武帝委任宗悫为豫州刺史，都督五州诸军事，与刘诞配合，一起负责江北防务。宗悫一到战场就提出了一条合理化建议：为了在魏军入侵的初期阶段对他们实施打击和压制，在清水河东侧修筑防御堡垒，作为前哨，而负责这项工程的是积弩将军殷孝祖。

宋军的举动很快引起北魏方面的警觉。他们打定主意，要趁着宋军工势还未修筑完毕，一举突袭将其摧毁。北魏镇西将军、散骑常侍、天水公封敕文率领所部突袭清口。这一次宋军早有防备，当时驻守在清口的是宋军振威将军傅乾爱。也许大家对他不甚了解，但当时他部下有个叫周盘龙的猛将，后来成了南齐开国初年仅次于桓崇祖的战将（助萧道成夺位的张敬儿、王敬则不过是爪牙一类的，算不得什么战将）。

此番有周盘龙在此，魏军只能吃亏了，突袭非但没拆掉宋军的堡垒，反倒被打得溃不成军。魏军挑衅事件很快传到孝武帝的耳朵里，作为一国之君也是时候摆出态度大干一场了。于是，孝武帝派遣虎贲军主庞孟虬、积弩将军殷孝祖等人率领禁卫精兵赶赴前线，接受颜师伯的调遣。颜师伯派遣中兵参军苟思达率领青州冀州军队与庞孟虬的禁卫军会师，一起推进到沙沟（今山东长清），魏军窟环公、五军公等率领数万步骑拒战。

双方在边境爆发的激战持续了一整天。期间，庞孟虬突入敌军阵中，亲手斩杀了五军公，魏军开始败退。紧接着，宋军殷孝祖在追击过程中又斩杀了窟环公，魏军投河而死的有上千人。

交战失利，索虏主拓跋濬派青州刺史张怀之汇合河南公树兰、黑水公（不知道何许人也）等部，开赴济水北岸。这时，颜师伯再次派出一支生力军，由中兵参军江方兴率领，前往增援傅乾爱、周盘龙所部，双方合击三败魏军，河南公树兰等人被阵斩。

接下来，傅乾爱、江方兴战力激涨，先是吃掉了魏军别帅塔门的一万人马，阵斩塔门，尔后又挫败了老对手天水公封敕文的两万人马。魏军一路败逃，宋军一路追击，杀敌无数，一直追赶到赤龙门。宋军五战五捷，连远在京城的孝武帝也按捺不住心头的激动，下诏称赞诸将说："魏国，胡狗之国耳，如今驱赶暴军而来，图我边境，诱我边民。辅国将军、青冀二州刺史颜师伯所部，机动中伺机歼敌，四战四捷（其实应该算五次，但第一次毕竟颜师伯没有参与行动），地方部队也相互配合，接连阵斩敌军主将，歼灭敌人之众颇多。朕甚为赞叹，特地派出使臣前往前线犒劳将士，同时命辅国将军将参战人员的军功统计好及时上报。"

颜师伯只不过一介文士，初来乍到，却在这次局部战争中接连获胜。如果从领兵者身上找不出原因，那只能算作是孝武帝军改取得了较大成功，士兵战斗力普遍提高了。毕竟，一次战胜是偶然，五战五胜可就没那么多偶然性了。

在一连串失败中，魏军也开始总结经验教训。宋军由于追击较远，渐渐开始脱离自己的国土，形势急转直下。当年十一月，宋军在庞孟虬带领下，进抵杜梁。而在此埋伏许久的魏军迅速展开包围，将宋军像铁桶一般团团围住。宋军倒也处变不惊，平南参军童太一挥舞着大槊，单人匹马杀入敌军阵中，所应者无不倒地毙命。其他宋军将领一看童太一如此勇猛，也都有样学样，带头拼杀起来。结果，宋军愣是将数倍包围于己的魏军杀得大败，投河而死的不计其数。魏军后来派来增援的部队看到宋军如此气势，也是胆战心惊，非但没有增援成功，反倒又把自己搭了进去。

七战七捷啊！从开战以来呈现出从未有过的一边倒局势。大家都觉得被当年武帝所带的那支北府军附体了，神挡杀神，佛挡杀佛。为了扩大战果，孝武帝又增派司空刘诞参军卜天生增援前线。

这个卜天生有个哥哥，就是之前略微提到的那个，在刘劭之乱中恪尽职守，被叛军所杀的宫廷禁卫军队长。此人为国尽忠，得到孝武帝抚恤，卜天生由此也受到提拔。除了卜天生，刘义恭参军刘怀珍也率领了数千骑兵北上支援前线。

这时，魏军在青州一带的残部全由张怀之统领，驻扎在縻沟城。考虑到这些东部将领实在是太丢人，接连丧师失地，北魏拓跋濬特地从西边调回名将征西将军皮豹子，领精骑三万前来解决东线战场。

颜师伯则一鼓作气，抢先发动了对驻守縻沟城魏军的突袭，领兵的正是刚刚赶来会师的卜天生。卜天生率领众将将出城迎击的张怀之打得抱头鼠窜，逃入城中。另一战场，刘怀珍所部则趁机席卷了北魏七座城池，官升建武将军，赐爵广晋侯。

尔后，卜天生又率领手下，对着魏军的申城发起了进攻。当时，负责申城守备的是北魏的陇西王。申城是一个易守难攻的险要之地，夹在黄河和济水之间，有着天然的屏障。此时魏军上下军心已溃，宋军朱士义披坚执锐，抢先爬上城墙，进入了这座申城。不过一天时间，这座看似坚不可破的城池就被宋军踩在了脚下，与若干年后陈庆之白袍扫北有着惊人的相似。

决战青州（四）

失败的魏军纷纷溃逃出城，淹死在黄河中的不计其数。这时，魏军的封敕文依旧贼心不死，想乘虚夺取宋军的乐安城（今山东章丘）。哪知卜天生的行动更快，竟然在半路截住封敕文，已经在宋军手上连败两次的他哪还敢和宋军交手，见了卜天生撒腿就跑。宋军继续追击，又一次大败魏军。魏军死伤人马无数，再次被赶回清口。

此时，魏军的主力部队终于到达战场。皮豹子气势汹汹地朝傅乾爱所部杀来，想先吃掉这部分宋军，控制住清口据点。傅乾爱也不是吃素的，据城而守愣是和皮豹子死磕了下来。不久，殷孝祖等部受颜师伯的命令赶来支援。在与魏军的激战中，参军焦度策马一枪直击魏军主帅皮豹子面门。魏国一代将星，纵横西北十余年，号称"仇池人梦魇"的皮豹子连吭都没吭一声就跌落马下，全靠手下死拼才捡回一条性命。

军中传闻主将已死，余部纷纷溃散。宋军缴获北魏武器辎重不计其数。经此一战，魏军被彻底清除出了青州地界，而颜师伯也因击败魏国名将皮豹子而被加封为征虏将军。

从鬼门关捡回一条性命的皮豹子再也不敢轻敌，收拢了残军，发现以目前的实力不足以应对前线刘宋错综复杂的多支部队。他转而放弃在青州与宋军的正面交锋，而是向军事力量相对薄弱的兖州地区进行试探性进击。

转眼到了大明三年，皮豹子突然出现在兖州治所瑕丘（今山东兖州）附近。在这里，皮豹子和殷孝祖五千步兵不期而遇。由于敌我悬殊太大，宋军未能继续保持胜绩，五千子弟被魏军屠戮殆尽，只有数十人勉强逃入瑕丘城中。

皮豹子趁胜追击，率军在兖州境内大肆劫掠一番，尔后在青州宋军赶来前顺利地撤了回去。

此战过后，皮豹子见好就收，谎称全歼宋军兖州境内所有兵马，以此打消了魏主将战争继续打下去的念头。至此，前后绵延三月之久的青州之战落下帷幕。

青州之战在南北朝长达千余次大小交锋中也许并不起眼，其规模自然比不过动辄双方数十万人参战的元嘉之战和钟离之战，但在刘宋历史上却显得较为重要。它粉碎了北魏文成帝时期染指山东的图谋，让魏军十余年间不敢再和刘宋爆发规模性的局部战争。

通过这场战争，刘宋得以收复济水以北的部分领土，是刘宋建国后不断丧失土地的情况下的一次华丽逆袭。然而，就是这样一场令人扬眉吐气的战争，却在《宋书》中被轻描淡写了，语焉不详。究其原因，恐怕还得和宋明帝的上台有关。"猪王"刘彧是踩着孝武帝一脉的尸体上位的。为了宣扬自己，三哥孝武帝自然要被批倒驳臭，这种开疆拓土的事情怎么能记录在内呢？

更尴尬的是，"猪王"在位期间，北伐不利，青州、兖州等地相继沦于北魏之手。作为一个丢掉整个山东的皇帝，又如何能容忍一个被自己批倒驳臭的人取得自己一生都难以企及的战绩呢？

有人会说，这场战争之所以胜利是因为孝武帝撞了大运。其实不然，我们从史料中搜寻蛛丝马迹，不难发现，孝武帝为这场战争做了充足准备。首先，他的军改就发生在青州之战前不久，而当时还是北魏刘宋的蜜月期。北魏使臣刚刚来南方乞求"互市"，在索虏极力营造出一种和平大环境的时候，孝武帝却在军改。

其次，通过"互市"，孝武帝尽最大可能引入北方优良马匹，同时，也在民间鼓励百姓养马。孝建三年五月，孝武帝下诏荆州、徐州、兖州、豫州、雍州、青州、冀州七州辖区内，百姓家中养一匹马的就可以免除一人的赋税。

请注意，这几个州都是毗邻北方边境的州县。（参考附录二介绍的重骑兵的出现及发展）。

那么，孝武帝为何这么重视养马呢？其实，刘骏是想早日组织建立起一支强大的骑兵。当年，他坐镇彭城，亲眼看到拓跋焘如何凭借几十万骑兵施展"蛙跳"战术，直接绕过彭城、寿阳，出现在京口北固山对面的瓜步山。那时，身为安北将军的刘骏很痛心刘宋没有一支属于自己的强大骑兵。刘康祖正是因为以步兵的血肉之躯去对捍骑兵才殒命疆场的。所以，从那时起，刘骏便暗暗发誓，不能让父皇的悲剧在自己身上重演。

可又有人说了，孝武帝只不过是想强大国防，又不是真枪实战。细思量，那个年代，你练兵不为打仗为什么？君主厉兵秣马的唯一目的就是开疆拓土，而非自保。"固国不以山溪之险，威天下不以兵戈之利"，但你要开疆拓土，必须仰仗兵戈之利！

还有一点，当时北方的柔然也发动了对北魏的突然袭击。要知道，柔然在拓跋焘时代被打趴下后，已很久没有出来搞事了，可一出来恰是孝武帝和北魏鏖战青州之际。当时已算是冬季，冬季出兵历来就犯了游牧民族的大忌，可柔然仍选择这一时机南下，或许处罗可汗在出发前就和刘宋有过一些私下交流吧。

最后，也是最重要的一点，刘骏在青州战役爆发前，对整个北方镇将都做了一系列调整，换上了自己人，全部由自己的嫡系人马统兵也方便统筹战争全局。而且，在战争进行的短短三个月内，孝武帝前后多次从中央调部队参与前方战斗，若不是蓄谋已久，会如此巴望一个小小的局部战争吗？即使颜师伯这样的门外汉也能肆意蹂躏魏军，可见，投入到青州的部队战斗力都相当强。

也正因为孝武帝精心筹划了这场战争，投入很多，结局回馈给他的也相当丰厚。虽然《魏书》竭力掩饰这场战争的规模，但从战争中被击毙的王公一级的数量看,也可知北魏这次确实是元气大伤了。而刘宋这边指挥全局的不过是颜师伯这样的人物,要换成宗悫或柳元景,只怕皮豹子都得命丧青州。

一言以蔽之,青州之战是自宋武帝刘裕死后近三十年来刘宋帝国在对北魏战争中取得的唯一一次单方面胜利,一扫宋少帝、宋文帝以来宋军在与魏军作战中长期处于劣势的阴霾,打出了"宋武遗风"。刘骏本人更是按捺不住心中的喜悦,作诗一首,以抒胸臆:"表里跨原隰,左右御川梁。月羽皎素魄,皇旗赩赤光。"

此战过后,北魏再次放下脸面,向刘宋派出使者乞和。

排挤六弟

北方的战事暂时告一段落。但无论是战前还是战后，有一条主线却贯穿了整场战争的始末，那就是孝武帝坐稳皇位后对六弟竟陵王刘诞的排挤。

前文说过，孝武帝先是用刘义恭和刘诞对调了职位，将刘诞排挤出京师；尔后，在京口任职南徐州刺史的刘诞仅待了两年不到，就被孝武帝一纸诏令赶去做了南兖州刺史，太子詹事刘延孙取代了他。那一年是大明元年（公元457年）。

那么，刘宋的南兖州在哪儿呢？这个南兖州也是侨置的州郡，其治所大致在广陵（即今天的扬州）。东晋中期，桓温三次北伐兵败后，曾在一段时间将大本营从姑熟迁到广陵，自此广陵开始进入当权者的眼帘。

刘诞到了南兖州后，并没有就此沉寂。他施展本事，再次结交各方势力，尤其是江北一些悍将，如垣护之、长者沈昙庆等都与他有些交情。这么一来，更激起了孝武帝要办他的决心。只不过，刚刚把刘诞半架空，索虏就来了。无奈之下，刘骏只得先腾出手解决掉索虏，再来处理刘诞问题。

到了大明二年（公元458年）三月，朝中又发生了一件事，孝武帝的七弟——建平王刘宏去世了。刘宏从小多病，死时年仅二十五岁。之前也曾提到，宋文帝晚年曾有意让刘宏成为顶替刘劭的太子人选，而刘宏本人也是个博学多才的皇子。更难能可贵的是，刘宏一生无论是执政还是修身都谨小慎微，深得孝武帝的信任。后世有人将刘宏的死归结于孝武帝的暗害是很不合理的，早在讨伐元凶的时候，刘宏就与刘劭等人分属不同阵营。尔后在孝建三年的时间里，一直稳居朝堂三公重臣之列。孝武帝也根本没有加害他的动机。相反，因为刘宏的病逝，孝武帝极尽哀伤，亲自赶去哭灵，并亲撰祭文、墓志铭。对于这位弟弟的离去，刘骏在感到痛心的同时也在哀叹，如果刘诞也能和这个七弟一样听话该多好。

其实，刘诞事件的发生，诱因除了孝武帝的嫉才，刘诞的天生雄才自难弃也起了不少催化作用。

刘宏死后，孝武帝给颜竣写了一封信，内容大致为："宏夙情业尚，素心令绩，虽年未及壮，愿言兼申。谓天道可倚，辅仁无妄，虽寝患淹时，虑不至祸。岂图祐善虚设，一旦永谢，惊惋摧恸，五内交殒。平生未远，举目如昨，而赏对游娱，缅同千载，哀酷缠绵，实增痛切。卿情均休戚，重以周旋，乖拆少时，奄成今古，闻问伤惋，当何可言。"大意是老七是个品德高尚的人啊，政绩也俱佳，我本以为老天会眷顾他，让他有所庇护。虽然他平日里身子不好，但总感觉能挺过，不至于会出大问题。可谁能想到，所谓上天庇佑都是空话。如今老七一朝去世，我真是五内俱焚。回忆起过去的点点滴滴，仿佛就在昨天，却又好像是上辈子的事情了。

后面孝武帝话锋一转，通过拉颜竣和刘宏的关系，认为听闻刘宏的死讯，颜竣一定也是同样伤心，心中千言万语都无法说出口。

孝武帝为何要给颜竣写这样一封信？有人说可能是他得知颜竣在外面非议朝政了，希望通过这件事敲打他一下。但笔者觉得，可能是孝武帝的一次真情流露。他本就是个重感情的人，无论是对刘宏还是对颜竣都是如此。时至今日，他还记得颜竣当年亲侍汤药的情景。只要颜竣不反，他绝不会杀他，写这封信估计也是为了让颜竣放心。

可是，颜竣却毫不在意孝武帝给他的最后忠告，执意上了刘诞的贼船，最终因附逆，落得个凄惨下场。

当然，这时的刘骏暂时还不想把和刘诞的矛盾公开化和具体化。要想安定内部，他还有几项重要举措要去落实。首先是中央的官制。孝武帝虽然用典签制度牢牢控制住地方，可是中央选官权力还是被世族垄断，孝武帝希望把这个权力夺回来。他把视线瞄准了可以控制官员选拔的吏部尚书。大明二年六月，他下诏专门阐述了吏部尚书的重要性，以一个人充当选举天下贤才的重任，很难做到公平公正，命令同时设置两个吏部尚书，以相互制衡。

诏书下达后，立刻引起了轩然大波。为了获得部分朝中大员的支持，孝武帝首先想到拉拢五叔刘义恭。他对刘义恭解释增加一名吏部尚书的意义：历来大家都是遵循祖制，所以改革困难重重。选拔官员关系到一个国家的命运，一个人专断难免偏颇，所以应该增派一名。

刘骏还真是选对人商量了，依照五叔老好人的品性，他又怎么可能提出反对意见呢？两名吏部尚书由此设立，谢庄和顾觊之分别为吏部尚书。

除此之外，孝武帝还通过自己提拔上来的寒门子弟选拔官吏，因为吏部尚书有时也不得不安排士族子弟担任。所以，忠于自己的寒门则可以第一时间，不受障碍给自己提拔人才。但是，这群从底层上来的寒门一朝大权在握，也会排挤那些与他们争权的人物。为了敲打一下自己提拔的这些寒门，孝武帝曾多次亲自过问"庶务"。有一次，颜师伯举荐了一位叫张奇的寒门子弟担任公车令。公车令是干什么的呢？大致类似于今天信访部门办事员，职位只有八品。按理说，这么小的一个官员，孝武帝根本就没必要去关注，他却否决了颜师伯的推荐，只给张奇一份市买丞（即宫廷采购职位）的差事。

想来，张奇其人家底还是比较丰厚的。他居然打通不少官员，让他们压下了孝武帝的任命诏书，而让自己先去公车令任职。结果，这事没瞒多久就被孝武帝发现了。盛怒之下，他直接展开问责制度，将牵扯进这场官场舞弊案的人员挨个查办。第一经手人全部斩杀，二层负责人各仗责一百，就连最上面的总负责人——吏部尚书谢庄也被孝武帝免去了官职。

从这件小事上即可看出，孝武帝明察秋毫，把权力抓得非常紧。孝武帝并非其利欲熏心，而是他清楚地认识到，官员选拔是国之根本，别的事情可以含糊一点，但这事绝不允许半点含糊。用电视剧《康熙王朝》的台词说："咱们这烂一点，大清国就会烂一片，你们要是全烂了，大清各地就会揭竿而起，咱们就会死无葬身之地啊！"孝武帝也很直观地感受到官僚腐败对帝国的危害是毁灭性的。后世的侯景为何只带了八百残兵就能席卷了整个南朝江山，最大的原因就是在他到来之前，南朝的江山已经从根子上烂掉了。

孝武帝虽然竭力想把官场弄得清明，却无法像自己父皇一样过好简朴清贫的生活，他也爱享受。更重要的是，他那个圈子里的亲信也都是钟爱纸醉金迷的人。近墨者黑，孝武帝渐渐迷失了自己，渐渐失去了本心，渐渐与之同化。帝王这个角色真的很难演好。在此不得不佩服宋文帝和萧衍，他们对自己的约束很严格，竟然可以做到几十年如一日，不服不行。

土断风云（上）

在孝武帝和索虏鏖战青州，以及朝堂内猛抓选官制度的同时，还有一项重大政策正在有条不紊地进行着，这就是提及六朝历史时迈不过的一个时代性问题——土断。

"土断"这个名词在东晋乃至整个南朝历史上多次被提及。要想了解"土断"是怎么回事，还得弄清楚另一个专业术语——侨置郡县。

我们都知道，五胡乱华引发了"衣冠南渡"。当时大批的中原人南迁到江南，形成了一个新的团体——侨民。当时的"侨民"分布基本呈现"大杂居，小聚居"的特点，史载"十家五落，各自星处，一县之民，散在州境，西至淮畔，东届海隅"。东晋王朝建立后，在治理国家方面对侨民和土著采取了分开治理的模式，即在原有的区划上，划出一块土地，作为原沦陷区的州郡。比如你是幽州过来的，可幽州不是给胡人占领了么？那东晋政府就在原来的扬州地域上，划出一小块土地，依旧称这地方叫"幽州"，只不过，是新的幽州了。但是，要将半个中国浓缩在一两个州里确实有些困难。所以，当时很多侨置的郡县是没有实际领土的，原籍在北方的侨民很多都是只挂个空头户口。

虽然说没有实际领土，这些侨民的户口没改过来，但必须设置相关的政府部门进行管理工作。这就导致在"侨置郡县"政策之下，出现了多个办事机构，冗杂而琐碎。可以想象一下，即使在流动人口空前庞大的今天，涉及户口所在地的问题还会麻烦多多，更遑论在那个农民和土地绑在一块的封建社会了。

举个例子。你是来自北方青州渤海郡的，你老婆是来自幽州昌黎郡的，然后在南方的江州豫章郡定居下来。但是，比较悲催的是，隔壁老王（来自谯郡）趁你出门的工夫，把你老婆给调戏了，你回家后一刀将其斩杀。那么问题来了，衙门受理案件的时候就得惊动昌黎郡、渤海郡、豫章郡、谯郡四个地方的长官。说不定，各郡关于同一项罪名的处罚还不同，估计你牢底坐穿了还没等到审判结果。

东晋政府对待侨民和土著政策不同，两者所对应的权利和义务也不同。一般说来，江南土著被编入"黄籍"，而北来侨民则被编入"白籍"。与现代社会截然不同的是，那时的外来人员比当地人吃香得多，一旦被编入"黄籍"，就意味着你和土地被绑定在一块，到时候种地、服役什么的都会找上你。

看到这里，大家脑海中肯定会冒出两个问题：一、为什么东晋政府要费时费力搞这么个"侨置郡县"的政策？统一管理不是既省时又省力，还能裁撤掉那些冗杂的办事机构，减少开支吗？二、按理说，土地是江南人的，作为本地人非但享受不了权利，还得当牛做马养活这群侨民，这不是脑抽吗？

先来说第一点。在"五胡乱华"前，中国的经济重心都在北方，中原人掌握着最先进的生产资料和生产方式，而东晋王朝建立的根基恰恰就是这批南渡的衣冠士族。东晋四大家族"王谢桓庾"都是北方侨民中的代表家族，由这些人组建的政治班子自然是要维护侨民的利益。因此，"侨置郡县"这一政策看起来劳民伤财，却恰恰是保障侨民利益的最佳妙方。

关于第二个问题，江南人有话要说了：凭什么外来的伧子好念经？凭什么我们的吴中四大家"顾陆朱张"只能靠边站？凭什么要咱们给你们这些难民当牛做马？所以，心中不满、积怨颇多是必须的。事实上，这样的怒气也确实宣泄过。如果大家还记得笔者以前提到的周玘，便能理解。他恰恰就是在这样的形势下，振臂一呼，代表全体江南人发出了政治诉求。只可惜，他点儿背，抑郁而终。而另一江南本土豪强——吴兴沈氏也因受到"王敦之乱"的波及而归于沉寂。江南土著就算心中再不满、再愤恨，也只能接受既成事实，掀不起大浪了。

但是，如果积蓄的仇恨不加以疏导，最后可能会酿成很可怕的后果。后世号称"四十年中，江表无事"的萧梁王朝，就在侯景的八百鲜卑骑兵作乱下，轰然倒塌。甚至于，当侯景在围攻台城时，一些平日里遭受政府压迫的老百姓宁可去做"带路党"，也不为梁朝效忠了。

一些政治目光敏锐的高层精英早就看出这平静之下的暗流涌动，也深刻明白长期实行"侨置郡县"无异于饮鸩止渴。于是，"土断"一词便应运而生。土断，即省并或取消侨州郡县，让侨人以其定居之处为准，编入国家的正式户籍，取消原先的优待。但是，改革如果触及既得利益者，多半都是无果而终。毕竟对别人指手画脚容易，对自己痛下一刀就难了。

土断风云（下）

从东晋初年就开始有人喊"土断"，为此，司马睿还搞了个"刻碎之政"。直到东晋中期，还没真正出台"土断"的相关政策。"苏峻之乱"后，在陶侃、王导、庾亮的三方合作下，东晋终于开始有了一段较长的和平时期。于是，晋成帝咸和年间第一次土断也正式出炉了。只不过，这次的土断在史书上未留下太多文字，相比较后一次的"咸康土断"，"咸和土断"更像是一次演练。据说在这次土断中，吴兴长城下若里有姓陈的侨民就被土断成南人，若干年后，这家出了个叫陈法生（陈霸先，小字法生）的男儿郎，在南北朝后期建立了南陈帝国。

晋成帝在位后期实行的"咸康土断"算是东晋第二次土断，却也可以说是第一次基本成型的土断。但从史料记载来看，对这次土断的评价是"弊大于利"，国家没有多大改变，侨民却在这次土断中怨声载道，属于吃力不讨好的一次土断。正因前两次土断都未能产生效益，桓温于兴宁二年（公元364年）发起东晋第三次土断，史称"庚戌土断"（历次土断中唯一一次以干支法命名的）。

桓温的"庚戌土断"卓有成效。刘裕掌权后，桓温作为反面教材一直受到批判，但有两件得到刘裕的肯定和赞赏，一个是北伐，另一个就是土断。为此，刘裕在桓温的基础上，又发起了一次给后人留下更深印象的"义熙土断"，一时"财阜国丰""豪强肃然"。

前四次土断都发生在东晋，而南朝则自孝武帝起，又有过五次土断，分别是宋孝武帝大明元年、宋后废帝元徽元年、齐高帝建元三年、梁武帝天监元年和陈文帝天嘉元年。这五次中，除孝武帝的这次土断有些效果以外，后四次在执行中或是巧伪甚多，或是窃注黄籍，或是却而复注，收效甚微。宋孝武帝后，南朝社会基本成型，土断的意义也相对减弱了。

那么，孝武帝这次土断又是怎样产生，并发生了什么改变呢？元嘉年间以来版籍混乱，南渡侨民不注户籍沦为流民的人数增多致盗贼蜂起，而南方土著居民依附于大族的人数也日渐增多，孝武帝采取撤并侨州郡县，罢免侨户，将流民和土地结合起来以统一侨户和土著的户籍。大明元年（公元457年）和大明五年（公元461年）先后撤雍州各侨郡县，合并新旧侨郡，将无实土的侨郡县并在有实土的郡县上，将新旧侨户合籍并将流民落籍于实土郡县。

注意看，这次土断除了核定侨民户籍以外，还将一些侨置郡县给撤销行政区划了，这在以往的一些土断里是比较少见的。这意味着失去原有侨郡的侨民除了归流新的郡县别无他法，否则就是黑户了。这招孝武帝用得很绝，基本是斩草除根，但这招又势必会损害到不少外来户的利益，可谓誉满天下又谤满天下。

然而，这次土断由于牵扯到一个人的利益，最终只能点到为止了，成了一次不算圆满的成功土断。这个人我们都认识——柳元景。事情的起因还得从一个叫刘怀珍的人说起。之前在青州之战中提到过，他是作为刘义恭的大司马参军投入到那次战争的。

话说，刘怀珍也是从北方侨迁到江南的。孝建年间，刘义恭征召他为自己的大司马参军、直阁将军。由于他带了不少人来南方，所以请求孝武帝准许依附于自己的一千多人有正式编制（大概就是算作自己的部曲）。要知道，桓温改革那次，司马家某位王爷仅仅因为藏匿了五户便被明正典刑了，这边居然有一千多号人，孝武帝闻讯大惊失色。

紧接着，诏书下来了：查，严查到底！凡是青州、冀州这两侨置郡的豪强大户都得查，看看到底隐藏了多少人口。不查不知道，一查吓一跳，清查出数千号人，全部编入户籍。此举引起豪强大户纷纷衔恨朝廷。

转眼到了大明元年，孝武帝土断正式推行。时任雍州刺史的王玄谟再次不甘寂寞，上书孝武帝称："雍州辖区侨郡很多，新旧错乱，难以及时征收税赋，请求土断。"当年七月，孝武帝的土断之风终于刮到雍州。原本雍州侨置的三个郡合并成一个郡，还享有免税等优厚条件。关键是，这个郡还和王玄谟有着千丝万缕的联系。朝堂上的大臣们又坐不住了，纷纷上书说王玄谟是故态复萌，上次提议北伐是为了八百大梨，这次撺掇土断只为了一己之私。柳元景作为侨置在雍州的北方大户，在这次土断中也是受损不少，为了出口恶气，他向孝武帝诬告王玄谟谋反。

孝武帝这时的头脑还是很清醒的。王玄谟何许人也，说他贪婪吝啬是真的，但说他谋反，借他一百个胆子也未必敢。为了安抚王玄谟脆弱的心灵，孝武帝特地派了吴喜前往王玄谟军中抚慰他："王老伧，你都是七十多的人了，谋反了又能享受几天？你我君臣之间，足以互相信赖，姑且把这当作个笑话看吧，别整天愁眉苦脸了。"从这一幕，我们也可以看出孝武帝这个人还是很具备幽默感的，对待老部下也很是照顾。

但柳元景的态度让孝武帝明白，雍州这块地的土断要适可而止。改革确实有利于稳定国家，但因此惹出眼下的麻烦还是很不值得的。手握重兵的柳元景是需要安抚的。治理国家就是这样，秉公处事的过程中总会遇到一些你不得不去妥协的事。尽管如此，既成事实让我们不得不承认，在东晋初年为了招徕北方而给予侨民种种的优惠政策，到孝武帝时期已经荡然无存了。

至于这个王玄谟，也确实可以说是个猪队友，每次他响应上头政策，带节奏的后果都是把事情办砸。上次怂恿宋文帝"封狼居胥"，结果北伐收场惨淡，元嘉之治不复存在。这次，他又提出在雍州搞试点，行土断，弄得柳元景跳脚，土断在雍州只能无果而终。这个贪婪的王老伧好似一只掉入米缸的老鼠，国家得不到半点好处，单单肥了他这只硕鼠。

第五章 ⊙ 攘外与安内

大明年间的土断还伴随运行着另一个配套政策，即抑制兼并，限制士族封山占水。为解决元嘉中后期以来的士族豪强"燒山封水，保为家利"的巧取豪夺，大肆兼并使国家丧失大量户籍人口的局面，孝武帝于孝建元年（公元 454 年）和孝建二年（公元 455 年）先后颁布条例，限制士族封山占水，诏令官府与平民百姓交易，一定要公平合理。官家占有的江海田塘，一律开禁。皇亲显贵逐利，也一律禁止。豪强大族的各园苑圈占面积太大，妨碍商业活动的尽量开放，给予贫民经营。

大明七年（公元 463 年），孝武帝又再次在全国诏令："朕之前曾下诏江河湖海山川，百姓可以捕鱼狩猎。但没过几年，不少地方就不遵诏令。名山大川，又多被重新圈占。有关衙门要严加清查，重申原来的规定。"

第六章

盛世，还是末世

士庶有别

虽然孝武帝能通过土断和裁撤侨置郡县的手段,抚平侨民与原住民之间的隔阂,但横亘在南朝广大庶族和上层士族之间的障碍却难以打破。可以说,这个障碍的存在足以让士族得以自傲地蔑视皇权。

一次,路太后的旁亲朱仁弥不幸犯法,虞玩之将其法办,孝武帝听闻路太后哭诉后,直接就把虞玩之免官了。但这种处理办法一涉及士族子弟就没那么好用了。让孝武帝碰了一鼻子灰的人叫王僧达,出自根正苗红的琅琊王氏,父亲即宋文帝时期的重臣王弘。孝武帝登基后,为了粉饰门面,拉他出来做官,开出的待遇是尚书右仆射。要知道,这个职位比孝武帝亲信颜竣担任的官职还高。可继承了世家大族恃才傲物一贯品质的王僧达却瞧都瞧不上这个职位,只给孝武帝回了八个字:"亡父亡祖,司徒司空。"这意思浅而易见,自己的祖父、父亲都是担任过司徒司空大官的,要给官起码也得是个三公级别的,少拿这种东西忽悠人。按照王僧达的要求,一年之内若不给他升宰相,那便是怠慢了他这个家族。孝武帝当然不能容忍这个恃才傲物的家伙,既然尚书右仆射他不稀罕,那就把他从行政口调到军政口,改任其为护军将军。

之前我们也基本讲到过一些军号的级别,这个护军将军的品级已经比较低了。王僧达难以接受,再次请调担任徐州刺史。王僧达的态度很明确,既然你要把我从中央权力层挤出去,那我干脆就当一个地方藩将,做个土皇帝也逍遥自在。而孝武帝呢,也是一如既往地将官职砍一半,徐州刺史是给不了他了,不过既然王僧达那么要求外放,就去做个吴郡太守吧!从州一级一下子降为郡一级，王僧达心里的落差之大可想而知。其实，孝武帝多少还是照顾他的，毕竟吴郡还算富庶。

然而，王僧达到了吴郡后却丝毫不怀感恩之心，开始给孝武帝搞事。他利用自己地方官的权力，指使手下公然洗劫当地寺庙，抢和尚们的香火钱。虽然南朝这帮子沙门都不是什么好鸟，可是假公济私搞这么一出，王僧达又有什么人品可言？后来，王僧达用敛来的钱在吴郡修筑豪宅一事遭人曝光，丢掉了官职。

被免官后的王僧达再次受到孝武帝的接见。想来，刘骏也只不过是想给王僧达一点教训，他也不想让这个根正苗红的高干子弟下场太狼狈。没想到见到孝武帝后，王僧达一如既往地傲慢，对自己此前所作所为没有丝毫愧色，还傲然地瞪圆双眼，死死盯着孝武帝。

笔者粗略翻了下史书，王僧达的这一行为，往前推个一百五十年左右，他应该被处以剥脸皮的刑罚。但孝武帝还算有涵养，做不到孙皓一般的丧心病狂，只在王僧达离去后，自嘲般说道："这个隔壁老王啊，看来真是疯了，做了这么多丑事还敢直面天子！"那么，王僧达是如何看待自己这一大不敬行为的呢？他曾私下对孝武帝的赌友颜师伯说道："大丈夫生于天地间，宁可玉碎，不为瓦全，岂能窝囊苟活！"言外之意很明白，有胆你刘骏就杀了我，否则我是不可能看你脸色的。

对于王僧达这样的士族，真应该扔到清朝去接受下熏陶，或扔到大江对岸的北魏。他那么做，就不必争什么家族尊严了，索房会让他整个家族消失。

王僧达也有软肋——恋童癖。当初，他在东宫当太子洗马的时候，喜欢一名叫朱灵宝的军人。等到他当宣城太守时，朱灵宝已经长大了。王僧达假报朱灵宝死亡，将他登记到宣城左永之的户口下，改名左元序，请求宋文帝任命他当武陵国典卫令，又补竟陵国典书令，建平国中军将军。孝建元年，事情败露，王僧达上表陈述的理由居然是自己不能听从身边人的劝说，投靠权贵。

孝武帝看完之后火冒三丈，合着你丑事泄露全因自己不会趋炎附势才被人整？对此，孝武帝基本是放弃对他的治疗了。无独有偶，还有一次，王僧达垂涎自己族侄王确的男色，准备勾搭他。王确的叔父王休是永嘉太守，打算将王确带到永嘉。王僧达预谋把王确强留下来。王确知道后，不敢与他见面。王僧达恼羞成怒，在房屋后挖了一个大坑，想把王确引诱来杀掉埋了。他的堂弟王僧虔知道后，把他呵斥了一通，他才放手。

根据以上陈词，可以判定王僧达此人该杀。那么，接下来的这件事则让孝武帝觉得此人必杀不可。

黄门郎路琼之是路太后哥哥路庆之的孙子，是王僧达的邻居。路琼之衣着华丽，前去拜见王僧达。不巧，王僧达将出门打猎，已换上了猎装。路琼之寻思着如今自己也算半大不小的外戚了，也够资格来和被免官在家的王僧达唠唠嗑了，便坐了下来。哪知王僧达理都不想理他，直接质问一句："我家以前有个马夫叫路庆之，是你家什么人？"

王僧达这么一问，路琼之还能说什么，直接拂袖而去。王僧达居然还把路琼之刚坐过的蒲团扔出去就地焚烧。换做常人尚且不能容忍，何况还算是和当朝太后沾亲带故的，这名门子弟教养就只有这样不堪吗？

路琼之把事情的原委告诉了路惠男。太后听完大怒，喊来儿子刘骏哭诉道："我现在活着就已经有人要欺负我们家了，要是哪天死了，我路家的人还不得被人当作乞丐！"此时，孝武帝还对王僧达存一丝宽容之心，好言开解太后："小外甥年少无知，没事情跑去王僧达家瞎串门干吗？去了受辱也在情理之中。王僧达根正苗红，因这件小事修理他可不行啊！"路太后听完儿子这番回话，心寒地说了一句："我绝不会和王僧达存于一世！"一个人是在有多愤怒和多无奈的情况下才会说出这样的话啊！

天作孽，犹可恕，自作孽，不可活。也许王僧达的好日子真到头了。不久,他又牵扯进了一起谋反案。原来,南彭城和尚释昙标、道方等人妖言惑众,与建康蓝宏期等人密谋作乱,还联络殿中将军苗允、中书令王僧达等人,起兵进攻宫门。不过,事情很快就泄露了,牵连在案的人基本都被诛杀,王僧达也不例外。

恃才傲物,胡作非为,为祸一方,孝武帝都能忍,因为他出自琅琊王家,这块招牌够响。蔑视皇权,凌辱后家,孝武帝也能勉强接受,因为这个病态社会已经运行了百余年,人们三观扭曲。但是,阴谋作乱,颠覆政权,你就算是长了一百颗脑袋,就算是王导长房嫡系,也只能是死路一条!想想刘义宣吧,你自认为琅琊王氏比皇叔还尊贵?

孝武帝没有以权谋私,因为他是个正直之人。从其一举一动来看,他也时常会在门第的巨大障碍下束手束脚。那士庶的界限有时甚至已经凌驾于皇权之上。尽管他一直都在努力巩固皇权,可在现实面前还是显得那么苍白无力。

孝武帝有一句话历来为后人诟病,是他游览祖父刘裕故居时说的。当时,侍中袁顗盛赞刘裕简朴的美德,孝武帝沉默了一会儿说道:"一个庄稼汉能当上皇帝,已经够可以的了(田舍翁至此,以为过矣)。"很多人都说这是孝武帝骄奢忘本的体现,一些自以为是的大家甚至称孝武帝不敬祖上,实在是荒唐。孝武帝能说出这样的话必有深意,这其实是表达了自己对士庶问题的矛盾心态。时代不同了,如今自己是皇族了,不能老把以前的黑历史挂在嘴边,否则只能让那些高门用有色眼光小瞧你。孝武帝竭力想证明自己这个家族也是上层人士,却被以袁顗和王僧达为首的高门打回了原形。

其实,从孝武帝回复路惠男的那句话也可看出,即使他在不断向世人证明皇权的威力,可在潜意识里,他依然拿不出足够多的底气去推翻士庶界限。

尺布斗粟（一）

王僧达的死不久又扯出一个人，其人又将刘宋王朝一场骨肉相残的闹剧推上台前。此人叫颜竣，我们都认识。按理说，作为孝武帝提拔上来的寒门亲信，本不该和王僧达有什么交集。可世上的事总是令人啼笑皆非，看似不可能的人居然联系在了一起。

王僧达和颜竣有两个相通性，一是对权力的贪婪，二是对文学的热爱。

有人就问了，那就是颜竣和王僧达是同党，一条船上的？非也，非也。真要那么简单，笔者也就没说下去的必要了。王僧达和颜竣非但不是同党，还是死敌。

王僧达得知自己即将被处死的消息后，便误以为是颜竣故意害他的，就写了一封信，托狱卒交给孝武帝。信中大致讲了颜竣自从被外放后就一直对孝武帝怀恨在心，口出怨言，多次讥讽孝武帝施政有误，还举例说某某就是知情人。结果孝武帝一核查，发现果然没错，颜竣这个大嘴巴果然巴拉巴拉在很多人面前说三道四。盛怒之下的孝武帝下令将颜竣收监，等待查明更多情况后定罪。

可接下来的调查让孝武帝更为震惊，颜竣竟然和刘诞暗中联络。不久，刘诞的从事中郎江智源突然秘密回京。江智源是宋文帝宠臣江湛的堂兄弟，他给孝武帝带回一个惊人的消息——刘诞要谋反。

为什么这么说呢？北魏和刘宋鏖战青州之际，刘诞下令修缮城池，屯聚粮食，打造武器。有人说，战争时期，做好戒备是很正常的事情。大家不要忘了，前线在青州，而刘诞在广陵，距青州不少路，离建康倒是一江之隔，他这么做究竟是针对谁呢？

也有人会将沈璞修筑盱眙城拿来说事，可盱眙的位置在哪里——淮河附近，城池多大——臧质不足一万残兵进去都差点容纳不下，所以广陵和盱眙根本没有可比性。江智源嗅出刘诞要谋反的苗头，才特地来禀告孝武帝，孝武帝旋即任命其为中书侍郎。要说这个江智源也不是什么正人君子，宋文帝时期，他一直嫌弃宋文帝轻视他寒门而不重用他，给的官小。后来却是刘诞一步步提拔他，将他升为司空主簿、记室参军，领南濮阳太守，最后又升为从事中郎的。

其后，又有两个人站出来检举刘诞谋反。一个是叫陈文绍的小百姓，说他的父亲陈饶曾被刘诞征召为府内官吏，刘诞却派他悄悄前往京城周围绘制地形图，至于用作什么，只有刘诞知道了。不久后，陈饶任务完成，却被刘诞秘密处决，对外宣称意外死亡。自己身为人子，料想亡父肯定无意间得知了刘诞一些见不得人的勾当，所以被害。

不久，另一个叫刘成的吴郡小官也向刘骏告发刘诞有反意。他说自己的儿子以前曾在刘诞任职吴郡的时候侍奉过他，说讨伐刘劭的时候，刘诞连皇帝的龙袍和御撵都打造好了，自己儿子见此心生畏惧，便试图逃走，结果被刘诞抓住杀害了。

一个死了爹，一个死了儿子，矛头都直指刘诞谋反。加之江智源送来的情报，此时的孝武帝再也无法容忍刘诞那颗不臣之心了。大明三年（公元459年）四月，孝武帝就刘诞阴谋作乱事件定了性，由司法部门罗列了以下几大罪状：

其一，讨伐刘劭时，刘诞首鼠两端，一方面支持江州政府，一方面又将妻子作为人质送到京师，并接受刘劭委任的会州刺史一职。其间，为了巴结刘劭，还不惜擅杀山阴令傅僧祐。

其二，起兵响应王师时，满怀不臣之心，竟然在攻占石头城后私藏皇帝所用的御撵和龙袍。

其三，暗地接纳刘义宣余党，私自打造兵器。

其四，为了修筑自己的府衙，侵坏了会稽公主、徐湛之、刘义庆、刘道规等人的神庙，遭到皇帝呵斥后还满腹愤懑。

其五，王僧达招供颜竣与刘诞来往密切，意图对皇上不轨。有刘成、陈文绍、江智源等多人证词，确认无误。

综上所述，刘诞谋反之心昭然若揭，请求陛下即刻将刘诞捉拿归案，开除宗籍，削去官爵，打入大牢。

突然之间就将刘诞事件定了性，孝武帝也犹豫起来，觉得这么做会把本来还在考虑反不反的刘诞直接逼反了，到时候得不偿失。最后，他给出了自己的决定：刘诞有反心不假，但没有造成造反的既成事实，所以削爵为侯，禁足封地就行了。

从这一决定来看，当时孝武帝还是想留刘诞一命的。假如刘诞没有后来的公然起兵，或许这样的结局对他来说未必是最坏的。当然，为了避免刘诞公然起兵而对社会造成动荡，孝武帝还是做了两手准备。他仿效当年祖父刘裕除刘毅的手段，采用突袭。先是任命义兴太守垣阆为兖州刺史，同时让戴明宝提领御林军和垣阆一起上路，假借赴任之机路过广陵时突然发难，拿下刘诞。

尺布斗粟（二）

按理说，这个计策是天衣无缝的，关键在于保密。戴明宝的一个举动却让该计划泄密。原来，戴明宝到广陵附近时，派人与刘诞的典签蒋成联络，希望里应外合，擒拿刘诞。

之前我们就说过了，典签是孝武帝分散在诸王身边的朝廷卧底，必要时刻能随时呼应朝廷。为了保全自己，刘诞在朝廷安排的典签身旁放了一个卧底，就是蒋成的手下许宗之。

许宗之及时向刘诞告密，刘诞连夜采取行动，将蒋成逮捕了，尔后全城戒严。等到第二天，戴明宝和垣阆的军队开到广陵城下，城上一如既往的安静，既不见蒋成开门迎接，也不见城头白旗高挂。正在两人寻思之际，刘诞一身戎装出现在城头之上，手中提着的恰恰是蒋成的首级——这下就算是傻子也都明白了：计划失败了！此时，两人本以为无须兴师动众，所以带的人马不多，刘诞则大开城门，城内部队倾巢杀出。官军猝不及防，被杀了个人仰马翻，垣阆死于阵中，戴明宝仓皇逃回。

刘诞知道朝廷必然二次发兵来讨，为了扩充兵源，他焚烧了兵籍，恢复了兵户的自由人身份，还释放了监狱里的囚犯，一时间募兵不少。

戴明宝北上经海陵（今江苏泰州）走水路回了京师。得知计划破产后，孝武帝明白，与刘诞一战已是不可避免。于是，他也开始调动军队了。重新征召赋闲在家的沈庆之为车骑大将军统领全军，重封使持节，都督南兖、兖州、徐州三军诸军事，南兖州刺史，所带部队都是京城的禁卫军。

尔后，孝武帝又将此前从青州调回的右卫将军垣护之、青州之战中立功赫赫的虎贲中郎将殷孝祖等人划归沈庆之管辖，负责一同北上征讨刘诞。同时，孝武帝又急令刘诞周围的其他官军部队南下合围广陵，其中包括豫州刺史宗悫、徐州刺史刘道隆、南徐州刺史刘延孙、青冀刺史颜师伯。

为了给这次出兵再增加一丝仪式感，孝武帝亲自披挂上阵，来到建康城外的宣武堂，负责及时调度前线兵马。此战，孝武帝信心满满，他要一举消灭登基初期遗留下来的最后祸患。

与刘义宣当年叛乱时各方援助相比，此时的刘诞就显得有些失道寡助了，但也并非一个盟友都没有，比如他的旧部，时任司州刺史的刘季之就是一个。一听闻老东家在广陵扯旗造反了，刘季之心中激动无比，想起兵响应，但在他和刘诞中间的是豫州刺史宗悫的辖区。刘季之和宗悫早有前仇，而且又打不过宗悫。无奈之下，他只能选择乔装打扮，弃司州走小路投奔刘诞。

不过，也是刘季之命中有一劫。他在路过盱眙的时候，被盱眙太守郑瑷发现，郑瑷知道刘季之与刘诞关系素来很好，此番必然是去投奔刘诞的，所以一刀将其斩杀，后将头颅送给了上司刘道隆。

这时，南徐州刺史刘延孙的先头部队已经抢先到达了广陵，领军的是刘延孙的中兵参军杜幼文。但此时广陵城紧闭城门，杜幼文一时无法突破，只能驻军等待沈庆之的大军到来。

沈庆之刚刚渡过长江，刘诞便派遣沈庆之的同族沈道岷携带自己的亲笔信前来游说沈庆之，刘诞顺带还送上了自己的贴身宝刀。可在宦海浮沉多年的沈庆之可不傻，如果当初刘义宣和孝武帝还是六四开，现在刘诞和皇帝只不过二八开，当初咬定青山，现在怎会帮刘诞？

沈庆之当即列出刘诞的多条罪状，宣布自己与其势不两立。希望落空后，刘诞开始变得丧心病狂，将广陵城外围的村庄全部焚毁，把百姓绑架到城内，希望用焦土计划和坚壁清野来和朝廷做殊死一搏。

为了争取周围各部队的支持，刘诞又给远近投信。刘诞的旧部陆延稔和顾琛都不再依附于他，而是向朝廷表了忠心，可见刘诞确实到了众叛亲离的地步了。不过刘诞还不死心，寄希望于宗悫，他曾对城中的将士扬言，宗悫是自己人，关键时刻会帮自己的。

为何笔者之前会说刘诞是个极会钻营之人，在这就可见一斑。自从叛乱后，他一时间拉拢各方人马，虽未必有效，但至少证明在这之前他就打好了部分基础。比如宗悫，那是在青州大战开始前不久才调到江北的，可刘诞居然也在这么短的时间就和他攀上关系，不善于钻营的人怎会如此？

而孝武帝讨厌的恰恰就是刘诞拉帮结派，钻营取巧。也许他在别的地方没有毛病，可单这一条，就不会被统治者容忍。

当然，刘诞有自信宗悫能伸援手的理由。他知道，宗悫也是对孝武帝推行典签制度反感较大的。宗悫自从广州刺史调任为豫州刺史后，典签吴喜总是不同意宗悫的意见，两人矛盾很深。一次，宗悫大怒，说："老夫年将六十，为国效命了一辈子，才混上个巴掌大小的州刺史，我不能与一个小小的典签共同治理！"吴喜吓得叩头流血，宗悫这才作罢。

当然，刘诞或许不明白，有些人他会提意见，但也只是发发牢骚，出了气之后便啥事没有了。吴喜很识相，限制宗悫权力的同时又给足了宗悫面子，所以宗悫没有什么不满的，更不会为了这些事情去反孝武帝。

当老将宗悫听说刘诞叛乱以后，立即就前往建康面见孝武帝。他在孝武帝面前连续跳了几十下，左右顾盼，以示自己宝刀不老。孝武帝非常满意。宗悫到广陵城下后，飞马绕城一周，对城上大喊："我就是宗悫！"

第六章 ⊙ 盛世，还是末世

尺布斗粟（三）

宗悫的出现断了刘诞争取外援的最后一丝念想。他明白，自己手中的筹码就只有广陵这一座城和城内忠于自己的部队了。但他不甘心认命，至少他要让天下人明白：不是我刘诞要反，是自己的三哥逼得我不得不反！

刘诞将一封写给孝武帝的奏折抛出城外，这奏折基本陈述了刘诞叛乱的前因后果。里面提到当初刘劭叛乱，自己虽然归附较晚，但麾下东军取得过奔牛塘大捷，此一功也。刘义宣起兵之际，臧质鲁爽相互响应，天下攘动，就连陛下也决心让位，是自己直言劝谏给陛下打气，稳定军心，此二功也。平叛之后，陛下先后封我骠骑将军，扬州刺史，南徐州、南兖州刺史，这些职务无论大小自己都相当感激。兄则友弟则恭，一时间臣与陛下也算相安无事。可如今陛下却听信宵小之言要杀我，我出于自保及为自己正名才将他们诛杀。蝼蚁尚且偷生，我为存活如此，又为何不能得以原谅。况且，我举兵后依旧固守广陵，未南下建康一步。往昔，我们同生皇家，如今，我们却仇同吴越！如今，陛下若还苦苦相逼，我只能与城共存亡了。

刘诞说了很多，但凡是关于自己投机钻营、拉帮结派的行为却全然不提，这不是认罪书，只不过是想用道义的名头来压倒孝武帝。刘诞直言孝武帝杀六叔纳表妹的兽行，直击孝武帝的痛点。

看完这封奏折，刘骏非但没有同情刘诞，反而想把他往死里整，至少刘诞在京的亲属和门生就遭到了孝武帝的第一批杀戮，死者超过千人。在这批被杀的人中，就有之前提到过的颜竣。对这位老朋友，孝武帝让廷尉先是斩断他的双脚，尔后赐死，亲属全部流放交州。

孝武帝曾令其极尽殊荣，如今，却让他凄惨而死，倒也不是刘骏刻薄寡恩，而是颜竣自己作死。孝武帝有一条待人之道贯穿始终：你可以不爱我，但你不能欺骗我！对女人如此，对朋友亦是如此。颜竣私下里勾结刘诞已然突破了孝武帝所能忍受的底线。当然，孝武帝还有一条处事之道也贯穿始终：我做事只论因果，不问对错！颜竣忠诚的因，换来了荣耀的果，而欺瞒的因，换来了惨死的果，所以也与旁人无忧。否则，颜师伯一介赌友，又何以能成为权势煊赫的红人呢？

对颜竣，孝武帝留下了最后一句话是："怨恨诽谤，辜负朕的期望，朕可以原谅，但自寻死路却还担心被杀，这还配做一个忠心的臣子吗！"这句话或许只能留给颜竣去九泉之下细细体会了。

面对沈庆之的大军压境，刘诞登上城楼质问沈庆之："沈大人年近七旬，早已不问世事，何苦前来征伐？"沈庆之只是轻蔑地说道："朝廷认为你狂妄无知，无须动用精壮劳力，所以派我前来。"沈庆之当然知道刘诞是想讽刺朝廷无人，只得仰仗沈庆之，但沈庆之却连嘴上便宜都不给刘诞占到。

城外大军集结，城内已是人心惶惶，先后有韩道元、何康之、石贝子、索智朗出城投降。而丧心病狂的刘诞除了拿出逃将士的家属出气也别无他法。久困孤城的刘诞打算出城北逃，路线基本也和当初戴明宝一样，通过海陵北上。远在京城的孝武帝却早已把刘诞可能出现的想法都摸透了，提前提醒沈庆之注意防范刘诞北逃。

出城之后，部下纷纷提醒刘诞回城驻守，反对继续北逃。刘诞亲随杨承伯甚至还牵住刘诞的坐骑说："无论死活，我们暂且回去固守城池，如今又能跑去哪里？速速回去，还来得及入城，再晚，必死无疑！"说话间，沈庆之派来截杀的部队也都赶到了，为首一人提枪入阵，斩杀数人，差点击杀了刘诞。而刘诞则一路狂奔，再次折回了广陵城。

回城之后，刘诞心有余悸，为了压惊，又将手下都官升一级。下属刘琨之因拒绝接受任命为刘诞所杀。而城下沈庆之的大军越聚越多,垣护之、殷孝祖、宗悫、颜师伯等人的部队相继加入到沈庆之军中。刘诞这边的人心则越来越散。刘诞队主孙安期带队出城投降,记室参军贺弼服毒自杀,军主马元子弃部出降……面对这些情况,刘诞无计可施,抱着过把瘾就死的心态,居然在广陵城中登基称帝了。

至此,我们可以看到,平日有口皆碑的刘诞在危难来临之时并无太大才干,所能依靠的不过是拉拢人员,一旦拉拢失败旋即将人杀掉。就他这副心态和本事要能成事,那才是滑天下之大稽。不过,刘诞称帝还是引发了孝武帝的怒火,他命令沈庆之在桑里(今江苏扬州市江都区)设置三所烽火台,规定攻破广陵外城,点燃一座;攻破内城,点燃两座;抓获刘诞,点燃三座。

这时,沈庆之的大本营已搬到洛桥西侧,准备从东门突破。而刘诞再次从北门杀出,与官军一番酣战,龙骧将军宗越将刘诞军又打回城里。不甘失败的刘诞准备从东门突袭刘道隆所部,但刚一出城,又被殷孝祖、沈攸之所部打回城内。

屡战屡败的刘诞仍不放弃生的希望,瞅准机会再行突破,为给手下鼓气,他还是一如既往地加官晋爵。随着战事向后拖延,刘诞军越发吃不消。五月十九日,天降彗星落在广陵城内。根据天象,这预示着城里不久要血流成河。

不想坐以待毙的刘诞当晚连续三次突袭东门,却在同一个地方连续三次被同一个人——沈攸之打回城内。这时,底下人又汇报城内邵领宗与沈庆之秘密勾结,想绑了刘诞邀功领赏,疯狂之下的刘诞哪里还想和邵领宗废话,直接下令将其五马分尸。

尺布斗粟（四）

小小一座广陵城围困了这么久居然还没拿下，身在建康的孝武帝也按捺不住了，命人给沈庆之送了两枚印章，一枚是竟陵侯的，活捉刘诞者得之；一枚是建兴开国男的，先入广陵城头者得之。

不仅如此，孝武帝还派遣薛安都的老搭档、屯骑校尉谭金再领五千禁卫军增援沈庆之。其实，孝武帝不知道，前线的沈庆之并非不卖力，而是此时遇上了江淮一带的梅雨季节。官军在泥泞的土地上修筑工事尚且困难，更别说驾云梯、造冲车这类工具攻城了。沈庆之只能等刘诞出来再打，外围锁死刘诞逃生之路而已。

此时，沈庆之也很纠结，一方面是孝武帝接二连三的诏令，要求即日破城，否则怀疑自己有"玩贼养寇"之嫌；另一方面，刘诞一边派兵突围，一边又派使者给沈庆之送来不少礼物，想要结交与他。更可气的是，看到沈庆之迟迟没有发动总攻，刘诞以为这事还有转机，便让沈庆之代自己传达给孝武帝的奏折。沈庆之那是憋了一肚子火：我是来讨逆的，不是来给你做信差的！你要真心归降就滚下来，我送你回建康。

身在建康的孝武帝再也无法忍受沈庆之的裹足不前，给臣僚颁下诏书，说自己要亲率大军渡江征讨刘诞，如当年讨伐刘劭一般。太宰刘义恭见势不妙，立刻跳出来劝说孝武帝，好说歹说才让孝武帝打消了御驾亲征的想法。

孝武帝此举让沈庆之在前方压力陡增，难为自己白发苍苍还要身先士卒，生怕自己再一个举措不当引起孝武帝更多的猜忌。听闻沈庆之在前方这么拼命，孝武帝的心也软了下来，写信宽慰道："苍头公统帅诸军，只需要运筹帷幕即可，何必要亲冒流矢之险？万一有所差池，那是国家的损失啊！"

好在老天有眼，连绵的雨季总算过去。天一放晴，沈庆之便下令全军发起总攻，一日之内连克内外二城。城破后，刘诞与心腹申灵赐一同往外围跑，迎面撞上了沈胤之等人，申灵赐拖住官军，刘诞则夺路而逃。逃到一座桥上，刘诞与沈胤之狭路相逢，两人挥刀对砍，刘诞被砍落水中。沈胤之麾下士兵一齐跃入水中，万刀齐下，将刘诞给分尸了。

刘诞死后首级被送往建康，孝武帝将其贬为留姓。多日的紧张神经终于得到舒缓，孝武帝意气风发地从宣阳门走出，享受着群臣山呼万岁。在众人之中，有一个人闭口闭眼，显得大煞风景。这个人叫蔡兴宗，刘骏是认识的，便质问他为何不喊。蔡兴宗面无表情道："上天有好生之德，陛下行杀戮之行本该流泪忏悔，又如何能让臣子们对你山呼万岁呢？"

蔡兴宗说得似乎有道理，但他那一副悲天悯人的圣母姿态让刘骏作呕。刘诞谋反的时候蔡兴宗不加以谴责，却在刘骏取胜之后冷嘲热讽。事实上，胜利者是不需要受到指责的。

曾经，为了树立尧舜那样的形象，孝武帝一直强迫自己故作宽容，故作大度。即使这样，依然有庸碌之人对其指指点点。既然如此，那就恢复本性吧！孝武帝随即颁布一道命令：将广陵城内还剩下的人全部诛杀！

孝武帝释放性情后的做法确实太过酷烈，沈庆之反复阐明杀俘的弊端。沈庆之的面子，刘骏一贯是给的，即使是在被愤怒淹没理智的情况下。他最终同意留下身形不足五尺（约合1.2米）的孩子，城内其余三千男子全部诛杀，在石头城构筑成"京观"。女人赏赐给参战军人们，刘诞的母亲殷修华、妻子徐氏也被逼自杀，追赠殷氏为长宁国淑妃。

在这场大屠杀中，宗越成了操刀手。当年他攻入江陵城后大杀四方的暴行让他一夜间扬名于南朝。这次，他变本加厉，下令将这些待宰之人剥去衣服，先打得半死，或用鞭子猛抽脸庞、小腹，或挖去眼睛、破开肠子，用苦酒浇到伤口上，惨烈程度可见一斑。他还得意扬扬，心里充满了嗜血的快感。

孝武帝的这次屠杀历来为后人所诟病。不管动机为何，如此大开杀戒确实是犯了大错，没有任何理由值得开脱。只是，孝武帝杀了三千，被史书记载下来诟病至今，而拓跋焘屠了整个江淮，却成了多民族融合的壮举。难道这真应了那句"杀一人是罪，屠万人为雄"吗？

大屠杀过后，蔡兴宗前往广陵慰军，其间见到了昔日故友范义的尸体。蔡兴宗不忍，将其收敛回豫章安葬。孝武帝得知后，质问蔡兴宗："你何故为逆党收尸？"蔡兴宗反驳道："陛下您杀您的贼人，臣下我自去埋葬我的老友，既然违反了您的禁令，我心甘情愿受极刑！"读书人总喜欢站在道德制高点去抨击别人，孝武帝没办法，他知道自己确实错了，只惭愧地摇了摇头。

"道德楷模"蔡兴宗不愿为孝武帝做事，终日不上朝，孝武帝将其贬为"白衣领职"。

战后，孝武帝依次封赏，本意是要对沈庆之授封司空的，却被其再次推辞。孝武帝便让沈庆之不留司空之名却享三公待遇。亲手击毙刘诞的沈胤之被封莱阳子爵，其余诸将皆有封赏。

刘诞之死意味着当初孝建初年形成的"三头政治"彻底终结，也标志着孝武帝刘骏的皇权地位进一步得到巩固，自此以后，朝中再也没有其他势力能对他的地位形成威胁了。但孝武帝的"大明盛世"并未绽放光彩，反倒沉寂于历史的舞台。

尺布斗粟（五）

当然，在刘诞作乱期间，孝武帝还有一位兄弟也掀起了一场叛乱。只不过，这次叛乱规模相对较小，在历史上的留痕并不深刻，不过还是顺带提一下吧！

在刘诞起兵谋反的前一年，他的十四弟——海陵王刘休茂就抢先一步造反了。大明元年，雍州刺史王玄谟积极响应孝武帝号召，将土断之风带到了雍州。尔后就有了我们之前提到的那件事，王玄谟以权谋私，外界称其为蓄意谋反。虽然最终孝武帝并没有认为王玄谟有谋反的意图，但出于平息舆论的角度，他还是将王玄谟调回京师，改派自己的十四弟海陵王刘休茂坐镇雍州。

当时，刘休茂只有十四岁，却被孝武帝任命为使持节，都督雍、梁、南北秦四州，竟陵、随郡二郡诸军事，北中郎将，宁蛮校尉，雍州刺史。要知道，当初孝武帝本人做雍州刺史的时候，权势都还不如这个弟弟。此前鲜有同时兼任宁蛮校尉和一州刺史的。也许是为了方便让刘休茂压住场子，孝武帝不久又给他加军号为左将军。

一个小孩子突如其来收到这么多封赏，自然喜出望外。但刘休茂渐渐发现并不是自己想的那样，大权基本都集中在典签司马手中。巨大的落差感让正值叛逆期的刘休茂很不爽，心中的不满越积越深。这时，刘休茂身边的亲随张伯超就给刘休茂撺掇起来："这个典签官平日里嫉恨王爷，经常上书皇上诽谤王爷，我看长此以往恐怕会有不好的事情发生。"刘休茂急问："那该怎么办？"张伯超说："只有杀了司马和典签，举兵自卫。这里距离首都数千里之遥，纵然大事不成，我们逃到北魏，也可在魏国称王。"刘休茂应允了。

大明二年四月二十日夜，刘休茂与张伯超率领亲随黄灵期、蔡捷世、滕穆之等人，带着亲王卫队在城内诛杀了典签官杨庆。尔后，又杀出襄阳内城，杀死司马庾深之、另一典签官戴双。刘休茂命令紧急调集部队，设置司令部，向全国发出檄文，让手下推举自己为车骑大将军、开府仪同三司，加黄钺。

刘休茂的贸然行事并没有得到手下的支持。侍读博士荀铣劝谏被杀，刘休茂的亲随曹万期想突袭刘休茂，也被杀害。随后，刘休茂将雍州军务全部交给张伯超负责，自己出城巡视军营，谘议参军沈畅之等人率众关闭城门。刘休茂闻讯，火速折返，却无法入城。

最后，刘休茂在义成太守薛继考的护卫下勉强杀进城内，斩杀了沈畅之。刘休茂进城后还没来得及喘口气，参军尹玄庆就带着手下杀了进来，刘休茂不敌被杀。这时，张伯超率部攻杀尹玄庆，襄阳城里立刻乱作一团。

此时，原益州刺史刘秀之的弟弟刘恭之恰好在城内，众人推选他出来主持大局。而此前为刘休茂进城拼死力战的薛继考突然倒向朝廷并快马飞驰建康，给孝武帝汇报。可是，有知道内幕的人早已和孝武帝汇报了整件事情的经过，孝武帝处死了薛继考，又罢免了刘恭之，转而封赏诛杀刘休茂有功的尹玄庆为射声校尉，暂代雍州事务。

刘休茂起兵不久旋即被镇压，这也从侧面说明孝武帝的典签制度已经极大削弱了藩镇的实力。外镇诸王地位尊崇，并不掌握实权，无法形成自己的力量，而典签、司马等低级官吏又由寒士充任，亦没有巨大的号召力，无法也不敢犯上作乱，只能共同对朝廷负责。

刘休茂和刘诞的相继作乱更加深了孝武帝对宗室的猜忌。一向善于揣摩皇帝心思的五叔刘义恭趁机进言，说应当进一步限制藩王势力，宗室诸王不应再接任边境州镇的藩将，平日里诸王的武备卫队也需要解除。

不过，侍中沈怀文却坚持孝武帝不应矫枉过正，声称汉景帝并没有因为"七国之乱"而废黜藩王的郡国，如今也当仿效，提高宗室的地位是巩固国家的基础。孝武帝虽然对自己兄弟接二连三的叛乱感到恼火，但也不想让这些政策日后束缚死了自己的儿子们，也就没有继续深究下去。不过和宋文帝经历过"刘义康事件"之后一样，孝武帝也开始把原本应该属于自己兄弟的一些权力下放给自己那些未经世事的孩儿们。

截至大明五年（公元461年），孝武帝已经有十一个兄弟去世。其中自然有像刘劭、刘诞一样作乱被杀的，也不乏刘绍、刘宏这样病死的，剩下的七个弟弟分别是老八东海王刘祎，时任南豫州刺史，二十六岁；老九晋熙王刘昶，时任护军将军，二十六岁；老十一湘东王刘彧，时任都官尚书，二十二岁；老十二建安王刘休仁，时任湘州刺史，十九岁，老十三山阳王刘休祐，时任右军将军，十七岁；还有两个最小的，十四岁的桂阳王刘休范和巴陵王刘休若，分别任江州刺史和徐州刺史。从他们担任的官职来看，外放的和朝中的也算是各占一半。可见，孝武帝并没有因噎废食，彻底限制死自己这几个弟弟。

另一方面，他也开始培养自己的儿子们。孝武帝在短短十年的皇帝生涯中，一共有过二十八个儿子，除掉夭折的一共有十八人存活，分别是：长子刘子业（王皇后生）、次子刘子尚（王皇后生）、三子刘子勋（陈淑媛生）、四子刘子绥（阮容华生）、五子刘子房（何淑仪生）、六子刘子顼（史昭华生）、七子刘子鸾（殷淑仪生）、八子刘子仁（徐昭容生）、九子刘子真（谢昭容生）、十子刘子元（史昭仪生）、十一子刘子孟（杨婕妤生）、十二子刘子产（徐昭容生）、十三子刘子舆（杨婕妤生）、十四子刘子师（殷贵妃生）、十五子刘子趋（何婕妤生）、十六子刘子期（江美人生）、十七子刘子嗣（谢昭容生）、十八子刘子悦（杜容华生）。

仔细观察一下，发觉恰好是前十八位，后十个孩子估计命不好，一律夭折了。紧接着又有一个问题了，他们生母的官衔这么多，看着眼睛都花了，到底是怎么一回事？别急，再次需要简要了解一下刘宋的嫔妃制度。

根据刘宋的妃嫔制度，除皇后以外，皇帝的小老婆分为十三级，分别为贵嫔、夫人、贵人、淑妃、淑媛、淑仪、修华、修仪、修容、婕妤、容华、充华、美人。孝武帝时期，将夫人改为贵妃；改修华、修仪、修容，为昭仪、昭容、昭华；在美人之后，又增加中才人、充衣两级，共十五级。

那么，根据这一等级的删选，七级以外的妃嫔所生的儿子基本是不被看中的，因此，即使生了两个儿子的徐昭容、杨婕妤和谢昭容也基本无缘太后之位。而第四子刘子绥虽然排名较前，无奈生母地位太低，也成了"酱油位"。真正可以成为未来天子之母的也不过是老三刘子勋的生母陈淑媛，排在第四等，以及最受孝武帝宠爱的殷贵妃，她为孝武帝连生两子，并从第六等一跃成为第三等。目前来说，刘宋正儿八经最有可能成为未来天子之母的还是正牌皇后王宪嫄，尽管她生的两个儿子都不是个东西。

这些孩子除了长子刘子业和次子刘子尚过了十岁外，其他最大的如刘子勋也不过才七岁。尽管他们年纪幼小，望子成龙的孝武帝还是开始放权给他们，该封王的封王，该外放的外放。截至大明六年（公元462年），孝武帝就有六个儿子担任了地方刺史，分别是扬州刺史刘子尚，时年十二岁；南兖州刺史刘子勋，时年七岁；郢州刺史刘子绥，时年七岁；南豫州刺史刘子房，时年七岁；荆州刺史刘子顼，时年七岁；南徐州刺史刘子鸾，时年七岁。其中刘子尚的扬州刺史和刘子勋的南兖州刺史还都是沈庆之辞官后滞留出的产物。而刘子顼则顶掉了在此之前做了近十年荆州刺史的朱修之。经过这番交接，孝武帝诸子已经基本控制了刘宋帝国最具实力的几个州。

由于孝武帝任命的几个儿子太过幼小，辅佐他们的典签自然而然接过了权力的大棒，这为后来宋明帝初年的又一场刘宋宗室大混战埋下伏笔。

"一尺布，尚可缝；一斗粟，犹可舂；兄弟二人不相容！"这首流传于西汉初年的童谣，跨越数百年经久不绝，如今再次在刘宋的庙堂唱起。伴随这首童谣的则是残酷血腥的骨肉相残。直到刘宋宗室的人数在传唱中越来越少。有一天，当他们仅存的宗族子弟抬眼瞅见取代自己的帝国之人居然曾不过是随意一个藩王都吹弹可灭的庸才。最悲凉的是，那时的刘宋宗室，已然没有一个藩王了……

笑傲人生

从孝武帝过往做的那些事中,有人会觉得他冷酷,有人会觉得他暴虐,很少有人会觉得他是一个情感比较细腻、生活比较风趣的人吧?在刘骏的帝王之路上,不止眼前的杀戮与苟且,还有幽默和远方的梦想。

孝武帝是个幽默之人,这对生活在他周围的人来说不难理解,圈子外的就基本接触不到了。在孝武朝,大臣们上朝的氛围是紧张的,却并非提心吊胆,不用像天保年间的大臣那样担心动不动就被皇帝拉出杀掉。孝武帝喜欢用另一种嬉皮搞怪的方式来惩治手下们,就两句话:文能冥思起绰号,武能诏令打板子。孝武帝核心权力层的那几位官员或多或少都得到了孝武帝亲自提名的绰号,如果你没有,只能说明你不够格。比如吹牛天才王玄谟就被称为"王老伧(粗鄙吝啬的北方人)"。王玄谟有多吝啬,从孝武帝给他写的一首打油诗即可看出:"堇荼供春膳,粟浆充夏飧。飑酱调秋菜,白醛解冬寒。"夏吃春余粮,冬吞秋实藏,诗虽然夸张,却很形象地表现出一副吝啬鬼的样子。又比如长期担任益州刺史,后来入朝担任尚书仆射的刘秀之,同样比较吝啬,孝武帝给他起了个略有不同的外号——老悭(抠巴鬼)。颜师伯因门牙特别大,得了"大板牙"的诨名。孝武帝起绰号的性格在他儿子刘子业身上得到了继承,以至于后来他给几个叔叔分别命名为"驴王""猪王""杀王""贼王"。

有时候,手下人做的一些事情不如孝武帝心意,他也会略施小惩,派身边一个昆仑奴(马来人)给他们打板子。孝武帝打人可不管对方官位多高,权势多大,即使是柳元景都曾挨过板子。当然,也有两个人例外——沈庆之和蔡兴宗。沈庆之是因为年事已高,外加他立下的功劳一直让孝武帝心怀感激；而蔡兴宗为何没被挨打，有人说是因为他正直，对此，笔者不置可否。不过，蔡兴宗能逃避挨打倒是羡煞了颜师伯，他时常对人说："蔡尚书一直未被戏弄，的确不同凡响。"

当然，除了起绰号和打板子，有时兴之所至，孝武帝也会做一些欢乐之事，为此还出了不少洋相。比如当时的黄门侍郎宗灵秀很胖，每次叩头谢恩时总会趴在地上像猪一样，孝武帝很喜欢看他的窘态。于是，孝武帝有时就会赏赐宗灵秀一些东西，东西不多，却分好多次赏赐。每赏赐一次，宗灵秀就要叩头谢恩一番。看到宗灵秀跌跌撞撞趴在地上的样子，孝武帝则哈哈大笑。为了将幽默进行到底，孝武帝还让人给宗灵秀送去一个雕像，是仿照宗灵秀父亲的样貌打造的，而宗灵秀把雕像拿回家后每日磕头祭拜，听底下人汇报完这事后，孝武帝又是一阵窃喜。

又有一次，孝武帝要修筑新安寺，号召大家踊跃捐款。老部下张畅有个儿子叫张融仅仅捐了一百文钱，孝武帝有些不爽。过了一阵子，孝武帝对手下说："这个张融是个清贫的好人，我准备赏赐他一个肥缺。"那么，"肥"到哪里去了呢？孝武帝找来找去找到了封溪。封溪在今天的越南，当时属于交州，流放犯人的地方。所谓"肥缺"据此看来不过是孝武帝戏弄张融的，估计是嫌这小子太抠，捐的钱实在少得不像话。

还有一个故事，说的是孝武帝不认识驴。不知道什么原因，孝武帝打生下来就没见过驴，也不知它长什么样子。一次偶然的机会，他问起身边的臣子谢袒缘。谢袒缘回复道："陛下没见过驴，但可以想象。在陛下的心目中，驴长得啥样？"刘骏想了一会儿，咧嘴笑道："应该长得像猪吧！"

这三件小事也许会让我们对孝武帝以往的刻板印象有所改观吧？孝武帝想把人生过得幽默，但并不是所有人都和他一样，世间总有一些自扰的庸人。孝武帝每次宴饮，为了调节好气氛，都要求大家喝得酣畅淋漓，而此时，滴酒不沾的沈怀文就端坐一旁，也不说话。久而久之，孝武帝觉得这个沈怀文是在标新立异，故作姿态，酒不喝也就算了，话都不说。孝武帝每次质问他，他总是说："我小时候就是这个样子了，怎么可能轻易改变？并非我故作姿态，而是本性如此。"

另外一个煞风景的人是江智源。他当初检举刘诞有功，但孝武帝骨子里很瞧不起这种吃粮骂娘的反骨仔。一次宴会上，孝武帝喝高了，开始和手下人开起玩笑，结果江智源却说："人君就得有人君的样子，嘻嘻哈哈，成何体统？"孝武帝听了当时就火冒三丈，骂道："你爹江僧安就是个白痴，生下来你也是个不懂趣味的白痴！"古人很讲究孝道，听到自己死去的父亲被孝武帝点名骂了，江智源当时就伏案痛哭。这么一来，孝武帝火气更大了，当即把他轰了出去。

什么样子是君主该有的样子，不同的人自然会有不同的想法。明太祖朱元璋很严肃，杀功臣毫不手软，结果儿子抢孙子皇位，旧部再也没有人跳出来说话了。而孝武帝死后，明帝夺位后，原先孝武帝的旧部仍能万众一心，力保孝武帝子嗣登基。宋高宗赵构很沉稳，结果在金人面前抬不起头。别看孝武帝平日里嘻嘻哈哈，原则问题上却从不含糊。

也许，人君样本就没有一个具体的描述，干得好坏自有后人评断。也许有的皇帝在大臣眼中很不屑，却在百姓眼中口碑好；也许有些皇帝很合臣子的胃口，只不过是联合臣子一起盘剥百姓的独夫……

第六章 ⊙ 盛世，还是末世

依法治国

对朝中大臣孝武帝会表现出轻佻嬉皮的一面，可一到具体政务上，就得一本正经了。

在那个社会秩序混乱而动荡的年代，一套完整的法律体系关系着一个国家能否正常运转。基于对这一点的认知，孝武帝很关心刑律方面，对秦汉以来的审讯制度做出两项重要的改革举措：

第一，凡是判处死刑的案件，郡太守必须亲自参加审讯，同时规定"若两千石不能决，乃度廷尉。神州统外，移之刺史，刺史有疑，亦归台狱。必令死者不怨，生者无恨"。

第二，魏晋以来，刺史、太守皆带军职，甚至不少县令也带"将军"的称号，他们往往跋扈一方，"大辟之罪皆自己决"或借口执行军法任意杀人，而不顾正式的刑律，导致刑法制度紊乱"法不责众"的局面频繁出现。孝武帝于大明七年（公元463年）四月下诏说："如果不是战场作战，不能再擅自杀人。如罪大恶极该当处死的，也应该遵循国家的法律条文先行上报，有关衙门要严加督察。再有违犯者以杀人罪论处。"

大明七年颁布的那条法令具有划时代的意义，解决了秦汉三代以来诸侯官吏特权专杀不能革除的问题。后来，刘骏九弟刘昶窜逃到北魏，孝文帝在他的指导下进行的一些汉化改革，在刑法上不少便是借鉴于孝武帝。后世王夫之更是赞赏其为"法乃永利而极乎善"。

当然，制定法律和执行法律又大不一样，很多政府制定法律很完备，可一到执行起来就显得无所适从了。比如后世的北齐，《北齐律》被多少人捧上神坛，可这丝毫不影响高家子弟视人命如儿戏，随意残忍杀人。制定法律不是用来规范底下人的，而是看这能否限制到当权统治者。

孝武帝本人就多次亲理案件。孝建三年二月，孝武帝指定了每月初一十五在西堂面见群臣，处理朝政的制度。大明元年十月，孝武帝下诏，从今往后，上至群臣，下到黎民百姓，只要有冤屈的，均可以上奏，朕将利用听政日，亲自处理。

大明三年，他又下诏说："廷尉对于远近疑案，本应作判决，但一遇到疑难案子，动辄要过很长时间，百姓为此困苦，官吏乘机徇私情。从今日起，犯人押到，卷宗文书送到了就通报，朕要仔细审理，不积压案件。如果文案繁杂，证据不足，必须亲自审查，以弄清真相。从今以后依旧听诉讼。"

一般皇帝所谓的亲临听讼基本是在宫里做样子，走过场。孝武帝不同，曾多次在华林园处理诉讼案件，有时甚至身着便服到建康城外围的一些郡县亲自参与审讯囚犯。大明四年（公元460年），他更是在建康监狱中听审完释放了一批冤假错案的囚犯。

有人可以说他无聊，但孝武帝却真真切切用无聊的时间做了一些有意义的事。正因孝武帝经常突击审讯，许多地方县令都不敢怠慢邢狱审讯，唯恐出错。他是中国历代帝王中第一个这么做的。终孝武帝一朝，刘骏都是一如既往地重视处理案件。

除了注重世俗的法律，孝武帝还特别注重与世俗法律并行的一套法度。我们都知道，六朝是个大乱世，生活在此乱世中的人都会不自觉地向宗教寻求寄托，佛学因此盛行。宗教领袖不断渗透到干预国家事务的行列中，与之对应的则是皇权与教权的博弈。历史上的"三武灭佛"有两次发生在这个时段内。

而中国之所以没有出现漫长的如欧洲中世纪一样的教权社会，六朝诸君对宗教控制的贡献功不可没。孝武帝本人也是不遗余力地想将宗教的教法纳入国家的管理体系，一面肯定佛教，一面引导佛教世俗化。

孝武帝即位之初提出了"尊孔"的主张，目的是确立一种秩序，恢复当初的礼乐盛行。他也是六朝历史上为数不多的热衷于礼制改革的帝王。久而久之，他发现儒家那一套在当时的社会背景下搞不壮大，索性不拘泥旧例，及时跳出圈子，转而开始整肃佛门。

孝武帝即位后，遣使征高僧僧导。僧导欣然应诏，来到京师中兴寺，孝武帝亲自出宫迎接他进京。僧导因孝武帝刚刚登位，三纲更始，缅怀往昔，感慨万端，悲不自胜。孝武帝也是哽咽良久，僧导于瓦官寺开讲《维摩诘经》，孝武帝亲往听讲，公卿大臣无不必集。

另一方面，对于僧侣集团良莠不齐的混乱局面，孝武帝也曾诏令整肃沙门。大明二年，有昙标道人与羌人高阇谋反。刘骏下诏说："佛法被曲解较多，导致佛门鱼龙混杂，有些人不能传达高深佛法，反倒以佛门为掩护，频发奸恶的事件，丑行屡屡被传闻。这样败坏社会风气，人神都愤慨不已。如今可令各寺院严加审查，剔除掉不良之徒，以免日后株连寺院。而寺院应当自行设立各种清规戒律，如果有意志不坚定者不能遵守，及时予以清除。"孝武帝礼敬高僧，整肃佛门，对佛教的正本清源起到了一定的推动作用。

"钱"的诱惑（上）

行政、军事、律法这三驾改革的马车齐头并进，向纵深发展。与此同时，孝武帝的经济改革也有一定建设性的突破。

孝武帝的经济改革主要围绕两个中心，一个是货币政策，一个是赋税政策。先说货币政策。如果大家印象深刻的话，一定记得孝武帝即位前，有大臣提议用布匹作为一般等价物进行贸易交换。有人会问了，好好的货币不用，为什么要用布匹？要解释这个问题，还得从魏晋以来崩塌的货币体系说起。

可以说，整个南朝备受货币政策的困扰。由于江南开发得晚，南朝的商品经济在相当长一段时间内比较低迷。东汉末年分三国，江东成了孙氏立国之基。江东吴国虽然面积是三国里最大的（有人说是曹魏，但西域那块类似于羁縻府州的领地并不能算做实际版图），但人口仅集中于长江干流和支流的沿线地区。还要备受来自山越的侵扰，经济问题相当严重。孙权晚期为了增加国库收入，对百姓可谓到了敲骨吸髓的地步。

西晋统一后，没过多少年又乱了起来，江东这块地方后来成了东晋政府的根据地。笔者之前曾说，东晋王朝是一个相对垃圾的王朝，国家长期处于剧烈的动荡之中，南方吴、粤、楚、蜀四大板块经常分裂厮杀，社会经济破坏严重。东晋末年，刘裕崛起，才将破碎的南方政府捏合成了一个整体。

那么，在东晋频繁的动荡和战乱中，经济发展缓慢，战乱频繁，铸造钱币就成了一个不必要的事情。世家大族们依靠着田园经济自给自足，百姓都退回了以物换物的时代。东晋末年，江东百姓还在用着吴大帝孙权时代造的钱，而且在市面上流通得越来越少。钱全集中到富人手中，都快成黄金了，与之相对的是物价越来越便宜。

通货紧缩影响社会发展，挤压农业产品价格导致农民破产，因此，桓玄上台后提出了废除钱币作为一般等价物的旧例，改用谷和帛代替。桓玄这种做法和当初那位提议孝武帝用布匹取代钱币的大臣谏言有异曲同工之妙，但是，桓玄生错了时代。

那个时代还是世家大族垄断政治的东晋时期，掌握了货币的世家大族能让桓玄胡搞断了自己的财路吗？于是乎，刘裕取代桓玄，成了接管东晋江山的代理人。没想到，刘裕上台后比桓玄还狠，让世家大族叫苦不迭，断了他们财路不说，还把门阀政治这扇大门给踢破了个窟窿。

刘裕建立刘宋王朝后，在位时间较短，也就没去搞货币政策。到了宋文帝刘义隆的元嘉年间，江南经济得到空前的繁荣发展，这些都迫使刘宋王朝要铸造自己的钱币，不能再用那越来越少的孙大帝钱了。元嘉七年（公元430年），宋文帝第一次铸造货币，也是刘宋王朝第一次铸造货币。这一次，刘义隆铸造的是四铢钱。两汉时候使用的都是五铢钱，毕竟有诗曾云"业复五铢钱"嘛。

那这个五铢钱和四铢钱到底有什么区别呢？区别大致在于重量上，刘义隆铸造的轻一些。投机倒把分子见钱眼开，想到囤积在自己手里的五铢钱重量多，可以重熔后造四铢钱。这一搞就搞了十七年，把刘宋的货币市场给扰乱了，最后惊动了宋文帝。元嘉二十四年（公元447年），刘义隆召开廷议，要求大臣们拿出对策应对这一可耻的行为。五弟刘义恭提议说要制定兑换比率，大钱（五铢钱）兑换两个小钱（四铢钱）；何尚之则坚持要全面废除古币五铢钱，将其定义为假币。

最终，刘义隆采纳了五弟的意见，制定货币兑换政策。这样一来，苦了百姓了。以往五铢钱基本都集中在世家大族手中，穷人手里的钱基本都是新币，富人一夜之间资产翻倍，穷人的钱却相对缩水了，社会怨声载道。此项举措施行一年后，因为民愤极大就被终止了。

元嘉末年因北魏南侵造成刘宋社会经济萧条，财政危机凸显，货币流通混乱，流通量减少，导致民间流通中的钱币重量不断减轻。孝武帝于孝建元年（公元454年），改铸钱币，铸四铢钱，这就是有名的"孝建四铢"。由于当时开采技术落后，开采出的铜矿很少，孝武帝铸造的那一批重量还达不到"四铢钱"的标准。这么一来，投机倒把分子更猖獗了，假币驱逐真币，开始占据货币市场。

对国家的蛀虫，孝武帝可不像其父刘义隆那样好脾气，下令造假币者一律斩首。史书记载他为此曾在一个县里斩杀了一千多个铸造假币的人，社会哗然。孝武帝的铁腕手段和狠辣作风，暂时抑制住了货币市场的混乱。

往后南朝货币市场又再次混乱起来，并最终为梁武帝时期的货币体系崩溃埋下伏笔，但那已不再是孝武帝时代的事情了。

接下来，讲讲税制改革。东晋时期，赋税和租调十分沉重，名目更是多得惊人。刘宋前期曾多次进行整顿和精简。孝武帝即位后，又对两晋时期的租调"九品相通"的税制进行了进一步改革，即不再分九品，转变为完全按照财产多少纳税。

孝武帝甚至实行"占山格"，以进一步限制豪门大族避税，即"皆依定格，条上赀簿"，自当条上赀簿，一体纳税。孝武帝时的税制方法是以户为单位，按民户的贫富分等征税：资产多的多征；反之，则少征。最终，赀税已经完全具有了财产税的性质。对财产少的贫苦百姓来说，确实减轻了负担。

第六章 ⊙ 盛世，还是末世

"钱"的诱惑(下)

按理说,通过货币改革和税制改革,刘宋王朝的经济应该持续好转,然而并没有。相反,这一时期的孝武帝却被史书记载为贪财无度,盘剥下级。

《宋书》记载:"及世祖承统,制度奢广,犬马余菽粟,土木衣绨绣,追陋前规,更造正光、玉烛、紫极诸殿。雕栾绮节,珠窗网户,嬖女幸臣,赐倾府藏,竭四海不供其欲,单民命未快其心。"

此外,孝武帝贪财好利。凡是刺史、两千石官员级别免官回京时,一定限令他们进献贡奉。同时,还和他们一块儿赌博,直到把他们的钱赢光才停止。作为孝武帝的资深赌友,颜师伯的情况就更惨了。

一次,颜师伯在宫中与孝武帝两人赌博。孝武帝先掷得了个雉(五黑一白),自以为必胜。谁知颜师伯竟然掷了个卢(全是黑色),孝武帝顿时脸色大变。颜师伯见状,赶紧把骰子一扫,假装失望地顿足叹气道:"哎呀,差一点是个卢!"当天,颜师伯一下就输给孝武帝一百万钱。

作为帝王,追求享受也就罢了,因为像孝武帝这样轻佻性格的人也确实喜欢锦衣豪宅。可这么放肆地敛财,有些说不过去吧。天下都是你的,你还用那么贪吗?深究原因,我们会发觉这不过是隐瞒了孝武帝不得已的苦衷。

孝武帝之所以大肆敛财,其实是为了摆脱日益困窘的财政危机。诚然,孝武帝实行的一系列经济改革和政治改革,见效都比较慢,而推行这些改革也是需要不少用度的。倘若在平常年份,也不至于捉襟见肘,可孝武帝在位的那几年自然灾害频发,其频率甚至高过西晋最动荡的那几年自然灾害次数。有史为证,据《宋书·天文志》和《宋书·孝武帝本纪》记载,孝武帝孝建元年（公元454年）八月，"会稽大水，平地八尺"；孝建二年（公元455年）八月，三吴发生大饥荒；大明元年（公元457年）正月，京师下了暴雨，引发水涝；四月，京师发生瘟疫；五月，吴兴、义兴又发生严重的水灾，八月，雍州又发生大水灾，十二月雪灾，平地积雪两尺多；大明二年（公元458年）四月地震；大明三年（公元459年）年初，荆州饥荒；大明四年（公元460年）四月，京师瘟疫；南徐、南兖州发生大水灾；大水。孝武帝大明元年庚寅，大雪，平地两尺余……

自然灾害爆发的频率几乎是每个季度一次，波及范围也遍布了刘宋相对富裕的州郡。面对严峻的形势，孝武帝一直是兢兢业业。刚登上皇位不久，他便劝课农桑，减免赋税。孝建元年，曾下诏说："农业是国家的根本，选贤任能是强国的必由之路。内难未平，政令不通，衣食浪费，国无栋梁之材，朕内心焦急，睡梦中都忘不了。各地官员，要认真根据以前的法规，督导百姓勤劳耕作以尽地利。致力耕田擅于储藏的，为他扬名。"

孝建二年八月，孝武帝下诏赈济三吴饥民，又下诏要求将皇家圈占的土地、山泽，借给贫民。

大明元年正月，孝武帝下令从府库内拿出米粮等生活必需品赏赐给建康周围的孤寡老人，并派人巡视京师遭水灾的百姓，赏赐木柴和米面；当年四月，京师流行疫疾，他又派使者巡视，赏赐给病人医药，因病而死无人收敛的，派人负责掩埋；五月，三吴大水，孝武帝再派人开仓赈济。

大明二年开年，孝武帝便下诏官府借贷种子给上年遭受水灾的东部地区的百姓，以免误了农时。同时，他又下令各地赈济因豪强兼并造成困窘和缺衣少食的百姓，地方官员要好好搞好民生。当年三月，下令暂停祭祀斩杀耕牛的做法，以确保不影响农事；九月，赈济襄阳遭受水灾的灾民；十二月，他又下诏要求废止过去因战时需要而临时增加的税种。

大明三年，孝武帝又下诏说："旧租旧债，一律免除。勤劳耕作的百姓，量才录用。孝悌仁义之士，赐爵一级。孤老贫疾者，每人赐谷十斛。督百姓耕作的官吏，全都有赏。百姓缺粮种，随时贷给。有办法劝导百姓勤耕细作的官吏，提升官职。"对京城内的贫困之家，减免一年租税。又因荆州饥荒，下令免除荆州之前的租税。当年十月，他下诏要求来年六宫嫔妃要行亲桑礼，表示重农的思想。

大明四年一月，孝武帝亲自耕种籍田，大赦天下，诏令："节气不顺，染病者众多，想到百姓的疾苦，很伤感。可派使臣安抚慰问，并给他们药物。逝去亲人的家庭，适当给予赈济。"对大明元年以前的旧债一律免除。三月皇后王宪嫄亲自在西郊采桑，皇太后路惠男观礼；四月下诏将宫廷供应减少一半，厉行节约。

大明五年，再次诏令"自此以后，鳏夫贫民残疾老人，一一上报减免租税，穷困之家，赐给柴米"。

大明六年，先后下令免除南兖州、徐州、南徐州、雍州等地的赋税。

大明七年，诏令"对贫困的家庭，开仓给以赈济"，又诏令"使臣巡视慰问，了解百姓疾苦。鳏寡、孤老、病残难以自存的，赐给粟帛，年迈的另赐给羊酒"。

孝武帝"大明"这个年号总共就用了八年，直到生命的最后一年，他都依然不忘减轻赋税，以对抗严酷的自然灾害。可是，赈济灾民要钱啊，这些钱从哪里来？孝武帝总不能把世家大族都杀光，财产全部充公吧！所以，他只能用"见面分一半"的做法敛财，积聚来的财富有多少用在缓解灾情上，有多少用在自己享乐上。想来，不同的人自然有不同的想法。

世家大族虽然被挤压出了中央，可在地方上盘根错节，吸附在各个部门上。他们被孝武帝刮走了财富，变本加厉地从百姓身上敲骨吸髓。百姓为了交税，贫苦人家卖妻卖子，甚至有自缢而死的。

孝武帝一门心思想振兴国家，可世家大族却像蛀虫一样把这个国家蛀蚀空了。孝武帝穷极一生想加强皇权,却总是事与愿违,最终反倒以无道之君的形象在一些史书里定格了。

　　一个人最大的悲哀,莫过于生错了时代。如果这个人还是皇帝,那就只能是留有无尽的凄苦了。可是,天道有还,世家大族的倒行逆施终究会有报应的,侯景之乱敲响了他们的丧钟!大明之世究竟是盛世还是末世,想来,不同的人都会有不同的认知吧!

第七章

别了，孝武皇帝

一生所爱

大明六年（公元462年）四月，殷贵妃病逝，这突如其来的一场横祸击倒了原本已为朝政心力交瘁的刘骏。

在过去的数年间，孝武帝与殷贵妃在一起有着许许多多快乐的日子。他为她修筑了晋室偏居江左以来最为绚丽的宫殿——玉烛殿，而她为了他一共生育了五个儿子——刘子鸾、刘子羽、刘子云、刘子文、刘子师，最后只有刘子鸾和刘子师成人。孝武帝刘骏与殷贵妃的这段感情可谓刻骨铭心。因为她的到来，在与王皇后闹翻后游猎无度的刘骏有了新的寄托。

殷贵妃死后，孝武帝思念不已。还命人制造了一个像抽屉一样可以随意开合的棺材，每晚入睡前，就打开棺材看看尸体，史载他"恸哭不能自反"。就这样过去数日之久，尸体依然没有腐烂。

十月二十五日，殷贵妃被埋葬在龙山（江苏省江宁县南）。殷贵妃四月离世，十月才葬，短短六个月的时间，刘骏征发江东百姓修建陵墓于龙山，凿山开路数十里。工程紧迫，官吏催逼，老百姓不堪忍受，死亡、逃跑者不计其数。等到下葬之时，孝武帝破格给辒辌车、虎贲、班剑、銮辂九旒、黄屋左纛、前后部羽葆、鼓吹，他亲自到南掖门目送灵车，悲不自胜，痛哭不已，左右无不掩面而泣。自从东晋以来，葬礼从未如此隆重。为了让手下大臣一同体会自己的痛苦，他下令大家都要哭，哭陵哭得越凄惨的赏赐越多。太医羊志哭得瘫倒在地，孝武帝看了很满意。事后别人从羊志口中得知，他不过是在哭祭自己前些时日死去的小妾。

另一个极具表演能力的人叫刘德愿，是宋武帝刘裕表弟刘怀慎的儿子，按辈分算是孝武帝的表叔。之前我们也略微提到过,刘骏年幼的时候,他经常带着刘骏玩。听说刘德愿是个能娴熟驾驭牛车的老司机,两人便经常驾着牛车去看望刘义恭,每次孝武帝都很尽兴。一次,他对刘德愿说:"你哭贵妃,如果哭得悲伤,我将重重有赏。"刘德愿当即大放悲声,捶胸顿足,眼泪鼻涕,横流脸面,孝武帝看了非常满意。作为犒赏,不久即任命他为豫州刺史。

殷贵妃的死让孝武帝的整个神志都变得极不清醒,以前就算再荒唐,也不至于去做这种毫无意义的事情,更不会拿一州刺史作为随手赏赐,而这一次他是真疯了。殷贵妃被安葬后,孝武帝长期处于悲痛之中,精神恍惚,根本不理朝政。临睡之前,总要到灵牌前祭奠一番,把祭奠的酒喝掉,继而烂醉如泥,号啕大哭。他还下令破格在建康为殷贵妃立庙。

既然立庙了,就得商讨谥号。这时,江智源又跳出来说可以用"怀"字。孝武帝一听"怀"字,就想起那个被匈奴蹂躏致死的晋怀帝司马炽。江智渊跟随孝武帝骑马前去殷贵妃的陵墓,孝武帝以马鞭指着墓前的石柱,对他说:"这上面不允许出现一个'怀'字!"江智渊听了,竟然忧惧而死。最终,殷贵妃的谥号被追加为"宣",一个美谥。

在随后的两年一个多月里,孝武帝嗜酒如命,似乎已经失去生活下去的乐趣和勇气。有一个巫师自称能够看到鬼神,对孝武帝称自己能招来殷贵妃的魂魄。闻听此言,孝武帝不禁喜出望外,即命其作法。不一会儿,殷贵妃果然出现在床帐之内,与生前毫无二致。孝武帝和她说话,她却默然不语,孝武帝上前要拉一拉她的手,还未拉到,蓦然之间就芳魂离散。

事后,孝武帝哽咽悲痛,仿效汉武帝的《李夫人赋》,写了一篇《伤宣贵妃拟汉武帝李夫人赋》,其中写道:"流律有终,心情无歇。徙倚云日,徘徊风月。"尽诉自己的悲痛之情,其情之深,其意之切,足令天下文人折服。谢庄也奉命写了一篇哀策文,孝武帝躺在床上阅读,读完坐起来,哭道:"真没想到当今还会有如此的文采。"建康传抄,为之纸贵。

孝武帝追求一份真挚的爱情，而王宪嫄琅琊王氏的出身注定了这只能是一场政治联姻，再无其他。殷贵妃则不同，她从来没有要求孝武帝给她的娘家封赏些什么。欲戴后冠，必承其重，王宪嫄既然选择了皇后之位，那帝王至爱也注定和她无缘了。

在孝武帝的生命中还有另一个比较重要的女人，叫陈妙登。刘骏与她的相识源于一次偶然。

陈妙登是建康人，其父陈金宝是以屠宰为业的屠夫。当时，孝武帝外出巡游，路上注意到陈妙登家的三间茅草屋。这茅草屋很破旧，却挡在了路边。孝武帝随即问手下说："御道旁怎么会出现这种茅屋呢？"手下很紧张，换作一般帝王肯定要强行拆迁了。孝武帝转而又说："此家一定无比贫寒，我们应该给他们些钱财啊！"于是赐给三万贯钱，让陈妙登家盖瓦房。手下亲自把钱送到陈妙登家，家中只有陈妙登在，年方十二三岁。手下见她容貌俊美，当即禀告宋孝武帝，于是把她迎进宫中。

陈妙登入宫后，年纪太小，便留在显阳殿侍奉太后路惠男。经过两三年时间，陈妙登第二次被宋孝武帝召唤，却没有被临幸。而此时寄养在路惠男处的湘东王刘彧喜欢上了陈妙登，路太后对孝武帝说到此事，孝武帝便把陈妙登赐给刘彧。

陈妙登后来为宋明帝生下了唯一的儿子——宋后废帝刘昱。如果没有当初那一眼，陈妙登的人生和刘宋王朝的走向或许都会有所不同。而孝武帝对陈妙登又是否存在爱情呢？这些就留给后人猜测吧！

帝王之殇

大明六年（公元462年），除了殷贵妃的死，还发生了一件大事：徐州从事史祖冲之要求实施《大明历》。祖冲之，字文远，与东晋名将祖逖是同族，是中国古代杰出的数学家、文学家和科学家。祖冲之喜爱考察古代的事迹，有巧思，被孝武帝安排在华林学省值班，后为南徐州从事、公府参军。

在祖冲之提出《大明历》之前，刘宋王朝使用的是何承天的《元嘉历》。祖冲之经过精密计算，发现这个《元嘉历》误差很大，尔后自己编制了一套《大明历》。第一次将"岁差"引进历法，提出在391年中设置144个闰月，推算出一回归年的长度为365.24281481日，这与现代历法误差只有50秒左右。他的《大明历》是当时乃至千余年间世界上最先进的历法。

比较遗憾的是，孝武帝还未来得及全面推行，便撒手人寰了，只留一个《大明历》的名字让后人记住这是发生在大明年间的事情。祖冲之对我们现代人来说，印象最深刻的就是他把圆周率π推进到小数点后第六位。当然，作为一个天文学家以及数学家，他的发现和发明不止于此。

祖冲之相继发明了可以指示方向的指南车、灌溉农作物的欹器、搬运货物的木牛流马，以及不依靠任何动力的千里船，这些都是上古失传已久的发明。遗憾的是，祖冲之凭借自己的能力重新发明后，却因为后人无能，这些发明在南北朝以后再次销声匿迹了。

孝武帝自感大限之期已近，在余下来的这段时间里，他尽力完成权力的顺利交接。虽然刘子业不是他最看好的，但也只有把他放在那个位置上，其他的兄弟才不会争。自己这些年因藩王入居大统遭了外人多少白眼，他真的不想让自己其他儿子也重复自己的老路。

　　大明七年（公元463年）四月，他下诏要求："从今往后，除了在战场上作战，任何官员均不得擅自杀人，有罪之人罪当处死的，必须上报中央，经过批准后方可施行，如有违反，以杀人论处。"五月，他又下诏规定："从今往后，刺史、郡守、县令，如果需要征发百姓、调动军队，都必须要有皇帝的亲笔手诏，方可施行；只有发生边境和宫廷突然事变除外。"他希望通过这些巩固皇权，削弱地方军事调动的能力，以免自己身后再起波澜。可事与愿违，刘骏死后国家还是陷入了混乱，并且因为孝武帝这些举措，间接害了自己分散在各地的儿子。

　　孝武帝在巡视各地的同时还忙着审讯案件、狩猎、训练水师、赈济灾民，完全一副敬业模样，或许他是想抓住最后的时间做点什么吧。当年十二月，浙江等地因剧烈旱灾，造成严重的大饥荒，浙江有十分之六的人口或饿死或逃散。此时，刘骏已经病重。大明八年（公元464年）正月六日，孝武帝在病床下诏说："东方去年收成不好，需立马组织货源赈济。贩米粟的商人，不征收途中杂税。"

　　当年二月，孝武帝又下诏说："去年东方干旱，收成锐减。穷困之家离乡逃荒，流落街头，我很同情他们。可开仓放粮给建康、秣陵二县，适时赈济。若救灾不及时，导致社会动荡，要严加法办。"

　　大明八年（公元464年）闰五月二十三日，毁誉参半的孝武帝刘骏在玉烛殿孤独死去，终年三十五岁。依据孝武帝遗诏："太宰刘义恭领中书监一职；骠骑将军、南兖州刺史柳元景接替刘义恭领尚书令，入居皇城；军国大事由此二人与始兴公沈庆之裁决，军务不决问苍头公，内政不决问颜师伯，皇宫禁卫军交由王玄谟负责。"此五人组成了宋前废帝刘子业的顾命大臣团。当年七月，宋孝武帝刘骏葬于丹阳秣陵县岩山景宁陵，上庙号"世祖"，谥号"孝武皇帝"。

孝武帝一生，在他统治最后两年中的大部分时间都是开怀畅饮，很少有清醒的时候，经常伏在案几上昏睡过去。一旦外面有急事呈奏，他马上抖擞精神，一点酒意都没有。因此，群臣都很害怕，也不敢偷懒。有人说他是故意摆弄权术，估计只有他自己才能明白殷贵妃去世后，自己的内心是何等凄楚。有时喝醉也未尝不是一件好事啊！

如果用一个词评价孝武帝这一生，笔者觉得最贴切的莫过于"遗憾"二字：对殷贵妃的遗憾，对当初那个踌躇满志的自己的遗憾，乃至对整个刘宋王朝的遗憾。然而，在那个时代，遗憾又怎会仅仅眷恋帝王一人呢？

仅以两首诗来作别这位用一生诠释"遗憾"的帝王，敬这英雄的遗憾，敬这美人的遗憾，敬这时代的遗憾，敬这众生的遗憾！

人生憾
——美人之憾

嫦娥盗药奔月去，八骏因故不重来。
国破已惊西子梦，桃花朵朵向谁开？
垓下凄别楚歌起，金屋难掩夜中寒。
倾世之容丹青误，掌上起舞更自哀。
二乔空守江东殿，洛神独驻魏王台。
草深还忆坠楼事，未忘当年咏絮才。
红豆已熟人故去，马嵬坡下葬金环。
后主妙笔悼周后，徽宗时时意勾栏。
而今又逢伤怀日，当时明月今安在？
秋风萧瑟离人影，几度思卿已怆然。

人生憾

——英雄之憾

重华殒命南疆地，将军一饭三矢遗。

乌江有船籍不渡，淮阴受缚云梦里。

五丈原上将星坠，邺城门外武悼凄。

木犹如此人何堪，几时重见寄奴旗？

途穷方慕长城公，迟暮尽失开元气。

亚子雄才困所溺，卧榻鼾声犹未息。

靖康国耻犹未雪，北定中原问何期？

孤岛一息尊明朔，定国不卸汉家衣。

大业成空自古有，成王败寇一念意。

千载岁月蹉跎去，英雄饮恨自叹惜。

后 记

记得刚上高中的时候，第一堂英语课，老师给我们说了个故事。她说："有三个学生，A成绩很优秀，还能画得一手油画；B呢，抽烟喝酒什么都来，还在学校里差点背了处分；C很懒，上课总是一副睡神状态。那么，同学们，你们会选择谁呢？"

彼时的我们很单纯，无论学习成绩好的抑或差的基本都不约而同地选择了A。尔后，英语老师公布了答案：A是希特勒，B是丘吉尔，C是戴高乐。

听完答案后，我们很诧异。因为按照从小形成的教育思维来看，成绩好的以后必然是有出息的，但希特勒何许人我们都知道，这个故事却极其滑稽地告诉我们另一个现实。不知是不是这个故事激发起了我的兴趣，让我对历史的探求不再停留于浅显的表面，而是更深入细致地挖掘历史人物的另一面。

也许正因如此，我对书本上一些刻板化的人物有了更深一层的理解。如今，我早已脱离喜欢挖掘别人故事中单纯历史漏洞的低级趣味，也深知英语老师当年说的那个故事也是假的。但从另个角度回看，似乎又隐藏着故事以外的另一层哲理。在那个"非黑即白"的年龄段，英语老师第一次告诉我们任何人都有鲜为人知的一面。在那个学习即为考试的年代，她似乎也在用另类幽默式的段子告诉我们，我们日后的成就也并非与今日之成绩相关。

人性是复杂的，那些鲜活存在于历史中的人物必然也不仅有单纯的一面。可是，由于这样或那样的原因，让不少人物变得脸谱化，甚至刻板化了。比如曹操，很多人第一印象便是"宁可我负天下人，不可天下人负我"的刻薄狡诈；说起杨广，便是"生我者不可，我生者不可，其无不可"的荒淫奢靡。

同样，对刘骏，很多人的印象或许也不好。其实，在六朝这个漫长时期，最先映入我眼帘的是吴大帝孙权，不是来自《三国演义》的口口相传，也非稼轩那句"千古江山，英雄无觅，孙仲谋处"，而是从小在心底深处便被烙上了"吴"的印记。在勾吴帝国消亡数百年之后，是他又重新书写了一段吴人的历史。"年少万兜鍪，坐断东南战未休！"

尔后便是刘裕和刘义隆父子。早期的历史读本在提及南朝时，只会讲到三个人，即刘裕、刘义隆和萧衍。刘裕的历史是波澜壮阔的，"想当年，金戈铁马，气吞万里如虎"；而刘义隆则是顺带提到了他的元嘉之治和失败的北伐，这位比肩文景二帝的旷世之君给我幼年更多的印象是遗憾和落寞。至于萧衍，小时候并没有读懂他，似乎现在也不完全了解，只能称其为一位滑稽的反面人物。确实，无论萧衍本心如何，侯景之乱、涂炭江南终究是他抹不去的污点。

那么刘骏呢？小时候的认知中并没有提到他，只隐约提到了宋文帝之后，刘宋王朝就彻底沦丧了。想来，让一个国家沦丧，这样的君主必然昏聩无疑了。加之在那个年代，一些历史读物的不考究，竟然将刘劭弑父的丑行也添加到了刘骏头上，所以对他的印象更不好了。

年纪渐长，也许彼时觉得不好的东西现在想来有了新的认知，甚至对自己进行回顾之余，也会不屑于那个少年时代的自己。当我重新审视，细致了解六朝这段历史时，对刘骏，我似乎也有了新的理解。

他是淫靡的，史书确实记载了他对女色的贪婪，也记载了他用情至深的一面。殷贵妃死后，"为伊消得人憔悴"的姿态是装不出来的。他确实贪财，史书也记载了他对官员财富的收敛，但史书不止一次记载了他拿出财物赈济灾民，其敛财所得的十分之九被用于施舍了。当然，他也是绝情的。他杀过兄长，杀过弟弟，杀过挚友，杀过贤臣，这些也都是有史可考的，但史书又记载了他厚待那些为他出力之人，譬如沈庆之，譬如柳元景，譬如薛安都……

可以说，在六朝诸君中，有像刘子业、萧宝卷那样禽兽不如的无道之君，有像孙权、刘裕那般的有为之君，也有像晋明帝、齐武帝那样的守成之君，甚至还有像刘彧、萧衍一样的怪咖之君，也必然有像孙皓、陈叔宝那样的末世之君。可像孝武帝这样，两面为人，性格不定的君主确是很少见的。他可以被人骂得很卑贱，蔡兴宗蔑称其"断绝人伦之理"；他也可以被人捧得很高，薛安都声称说"吾固终身不负孝武皇帝"。

假如我们无法从为人方面给予其一个客观公正的评价，或许可从他做的事情来给他一个盖棺定论。试想，刘邦在史册中多以小人之态出现，可"三年反秦，四年灭项，建立四百载炎汉"的事实证明他是一个伟大的人。孝武帝这一生做了什么呢？他改革兵制，取得了青州大捷，一战打出宋武遗风；他推行土断，虽最终因触及权贵利益而不彻底，却依然让刘宋户籍制度为之一变；他崇儒抑佛，掩埋了百余年的儒家纲常被重新捡起，超越皇权而存在的教权也不得不低下了头颅；他轻徭薄赋，将元嘉末年造成的财政赤字基本抚平，国家基本完成了政变后的平稳过渡；他整顿金融，也许一次性残杀数百人过于血腥，却用血的教训敲打了混乱货币市场的不良之徒……

如此看来，他似乎做了很多事，但这些事情随着他的离去全都消失于历史的烟尘之中，成了"人亡政息"。如鲁迅所说："死去的人因为没能活在活人心中而永久地死去了。"

严耀中曾对孝武帝做过如斯评价："宋孝武帝是一个能以自己的政策开辟时代的政治家，他是一个有着过人的精力和才能的皇帝，他对当时大族势力与君权在政治结构中的彼此消长起着关键作用，可以说，南朝'寒人掌机要'之形成正是宋孝武帝一系列集权政策所导致的。孝武帝比诸秦皇、汉武、曹操、杨坚等专制君主有着相似的出众才能，既有励精图治的抱负，又好大喜功，并且残忍，只是没有他们幸运，在历史上保留的是一个很坏的形象。这

⊙ 后记

是因为一则孝武帝虽然凭手中的政权来压抑大族，然今天我们所见到的历史却大多是通过操在世家子弟手中的笔才记载下来的，所以对他的怨恨和诅咒的文字不绝于我们眼前；二则沈约的父亲沈璞为刘劭卖命而被宋孝武帝所杀，而他的事迹又有仇家沈约来整理记载，只好听任咒骂。对孝武帝来说，这实在是个悲剧。"

不合乎时代的行事作风和怪诞不羁的处世态度让他在那段历史中沦为一个消亡的悲剧。那么，孝武帝刘骏真的就成了历史的牺牲品么？

在金庸老先生的《射雕英雄传》中，也有一个行事乖僻，有着魏晋风骨的大侠，便是人称"东邪"的黄药师。人们对黄药师的怪异行径鲜有问责，而多有尊崇。在醉仙楼那一幕，欧阳锋对黄药师说自己曾一掌劈死一位教导自己学生要精忠报国的老先生，他原以为邪气的黄药师会认可自己这一做法，哪知道，黄药师当场便变了颜色，正色说道："爱国是大义，岂是小节！"

噫！原来黄药师吸粉无数的原因正在于此，在一些小节上并不拘泥，可事关民族大义，他心底却比任何伪君子都要站得正。也许，这就是千年也未曾消磨掉的南朝风骨吧！也许行事荒诞，也许不为外人所理解，面临大抉择，却未曾走错一步。纵观刘骏的一生，在面临重大抉择之际很少行踏走错。纵然他的事迹被淹没了，可那股精神却穿越千年，呈现于现在读者面前。

在这个"饱受骂名"的孝武帝去世后，南朝政局非但没有变好，反而更糟了。数年之后，刘宋失去了山东大地，北强南弱的格局开始形成。刘宋末年，北魏孝文帝的汉化改革让统一天下的主导权彻底滑落到北方。

也许若干年后，当孝文帝迁都洛阳后，他会发出如许喟叹："元嘉二十七年的那场战争并不是平手，从战后的发展来看，赢的是我们。今天，大江彼岸形成了两个鲜明的格局，一边是移风易俗、逐渐汉化的元魏王朝，而另一边则是抱守残缺、内讧不已的萧齐乱局。从使臣的口中也能知晓，洛阳衣冠繁盛，而南边岁一易主！"

当然，这些都与孝武帝刘骏无关了，"尔曹身与名俱灭，不废江河万古流！"如果让我来评价一下这位君王，那大致是三句话，十二个字——经国十载，不负高祖，无愧孝武！

附录一

刘骏年表

宋元嘉七年（公元430年）八月，宋文帝三皇子刘骏出生。

宋元嘉十六年（公元439年），刘骏都督湘州军事，任征虏将军、湘州刺史，兼管石头戍事务。

宋元嘉十七年（公元440年），升迁为使持节，都督南豫豫司雍并五州军事，任南豫州刺史，将军之职照旧担任，还负责石头戍。

宋元嘉二十一年（公元444年），刘骏辖秦州，晋升为抚军将军。

宋元嘉二十二年（公元445年），刘骏被立为武陵王，食邑两千户。同年，雍州刺史刘道产病逝，雍州境内的蛮族作乱，宋文帝为平息雍州群蛮叛乱，将刘骏外调为雍州刺史，担任伐蛮总指挥，都督雍梁南北秦四州，荆州的襄阳、竟陵、南阳、顺阳、新野六郡军事，宁蛮校尉，持节、将军职务照旧担任。

宋元嘉二十五年（公元448年），调任都督南兖徐兖青冀幽六州，豫州的梁郡军事，安北将军，徐州刺史，持节照旧担任，镇守彭城。不久，又兼任兖州刺史。

宋元嘉二十七年（公元450年），宋文帝二次北伐，东路军前线失利，魏军南下侵宋，兵锋直指彭城。刘宋三军统帅江夏王、太尉刘义恭准备出城南逃，刘骏和部下张畅力谏劝阻刘义恭留镇彭城，刘义恭才决意坚守彭城。

同年底，魏军北返，路过离彭城几十里处的安王陂暂时修养时，刘骏与其他彭城守将请求刘义恭趁魏军劳师疲惫之际袭击魏军，但刘义恭畏惧不敢截击，并禁止将领私自带兵出击。次日，宋文帝诏令刘义恭全力追击魏军，刘义恭才派出一万人马出城追击。宋文帝听闻魏军平安返境，极为恼怒，下诏责备彭城宋军未能及时在魏军北返途中拦截魏军，降刘骏为北中郎将。

宋元嘉二十八年（公元451年），刘骏晋升为都督南兖州，南兖州刺史，镇守山阳。不久升迁为都督江州、荆州的江夏、豫州的西阳，晋熙新蔡四郡军事、南中郎将，江州刺史，持节照旧担任。刘骏率军与步兵校尉沈庆之合兵讨伐缘江蛮族。不到两月，缘江蛮族的叛乱被彻底平定。

宋元嘉三十年（公元453年）正月，太子刘劭发动叛乱弑杀了文帝，刘骏从江陵起兵，率军讨伐刘劭，先后攻克南洲、溧州等地。至新亭修建营垒击败劭军直逼建康，臧质等人响应，同举义旗。

同年五月刘骏攻下建康，斩伪皇帝刘劭及二兄刘濬。刘骏即皇帝位，大赦天下，改元孝建。追封文帝庙号为"太祖"，谥号"文皇帝"。

宋孝建元年（公元454年）二月，刘义宣在荆州称帝，举兵起事。孝武帝随即任命安北司马夏侯祖，镇军将军、南兖州刺史沈庆之参与平叛，同时遣抚军将军柳元景屯兵采石，南豫州刺史王玄谟于梁山江岸筑却月城，陈舟师，据险扼守。

同年五月刘义宣等率军进攻梁山，王玄谟手下出击，义宣部队崩溃，逃于江陵，被捕获。六月三日，臧质逃到武昌，被人斩杀，头颅在京城传递示众。

同年，改铸钱币，铸四株钱，即"孝建四铢"。

宋孝建二年（公元455年），孝武帝令"中丞与尚书令分道，虽丞郎下朝相值，亦得断之，余内外众官，皆受停驻"，设立御史中丞专道制度以提高和恢复御史中丞的地位。同年颁布条例，限制士族封山占水，诏令官府与平民百姓交易，一定要公平合理。

宋孝建三年（公元456年），孝武帝下诏将青州州治由远离前线的东阳移并到第一线的历城与冀州并镇。

宋大明元年（公元457年），孝武帝罢免侨户，实行土断。先后撤雍州等各侨州郡县，合并新旧侨郡，并将无实土的侨郡县并在有实土的郡县上，将新旧侨户合籍并将流民落籍于实土郡县。

宋大明二年（公元458年），北魏文成帝拓跋濬侵犯刘宋青州，企图攻占刘宋在淮河以北的青州等地。孝武帝以颜师伯为青州刺史，颜师伯一月之内四战四捷，斩杀北魏大将树兰、窟坏公、五军公等人，击溃魏军。魏军全线溃败，宋军乘胜追击，接连收复杜梁、申城、东平、临邑、縻沟等在元嘉北伐期间被北魏侵占的济水北岸的城池，宋军将魏军赶回了黄河下游的北岸。

宋大明二年（公元458年），下诏军户免除军籍成为平民。同年，海陵王刘休茂杀了典签官起兵叛乱，不久被镇压。孝武帝随后命人将其推在中门斩首，时年十七。

宋大明三年（公元459年），竟陵王刘诞杀兖州刺史垣阆，据广陵谋反，并邀淮北诸镇参与。孝武帝命以始兴公沈庆之为车骑大将军、南兖州刺史，将兵讨刘诞，围广陵。城破，刘诞被杀，时年二十七。

同年又下诏，给正在服无期徒刑、官吏奴婢中的老弱病残者全都恢复自由。

宋大明七年（公元463年）四月，孝武帝下诏："如果不是战场作战，不能再擅自杀人。如罪大恶极该当处死的，也应该遵循国家的法律条文先行上报，有关衙门要严加督察。再有违犯者以杀人罪论处。"

同年，诏令废除世袭军职和世戍边防的制度（世兵制）。

同年十二月，孝武帝病重。浙江等地因为剧烈旱灾，造成严重的大饥荒，浙江十分之六的户口或饿死或逃散。

宋大明八年（公元463年）正月，孝武帝在病床下诏说："东方去年收成不好，需立马组织货源赈济。贩米粟的商人，不征收途中杂税。"

同年二月又下诏说："去年东方干旱，收成锐减。穷困之家离乡逃荒，流落街头，我很同情他们。可开仓放粮给建康、秣陵二县，适时赈济。若救灾不及时，导致社会动荡，要严加法办。"

二月十六日，宋孝武帝刘骏在玉烛殿驾崩，时年三十五岁。遗命太宰刘义恭、尚书令柳元景、始兴公沈庆之、尚书中事颜师伯、领军将军王玄谟，五人担任辅政大臣，辅佐太子刘子业。

七月三日，宋孝武帝刘骏葬于丹阳秣陵县岩山景宁陵，上庙号"世祖"，谥号"孝武皇帝"。

附录二

骑行天下
——揭秘我国重骑兵的诞生与发展

首先，我们要理解重骑兵和轻骑兵的区别。现在学界有人认为，马镫的发明和广泛运用是重骑兵开始的标志，更精确一点就是，重骑兵与轻骑兵的区别在于，人马披甲。大家听到了"人马披甲"这个词一定会感觉到很熟悉：金兀术的铁浮屠不就是如此么？没错，拐子马、铁浮屠确实也是重骑兵延伸出来的一种。那么，中国的重骑兵开始于何时呢？

先从中国的骑兵开始说起。春秋战国乱世时期，马虽已被运用在战争中，但只是作为车兵的配置之一，骑兵在当时还没有任何概念。提起骑兵，各诸侯国都会不约而同地想起那幕"烽火戏诸侯"，犬戎部队是中原诸国对骑兵的最初印象。

战国后期，有一个叫赵雍的人做了赵国国君。望着整日被匈奴人蹂躏的北疆，赵雍火大了：不就仗着自己四条腿跑得快么？我大赵国被秦国围着打也就算了，这匈奴算个什么玩意，也拽兮兮地来给我惹事？你能搞，我也能搞！

赵雍打定主意，就开始模仿匈奴的骑兵改革军制了，这一改就成了后世备受称赞的"胡服骑射"，而赵雍也以"赵武灵王"的称号被后人铭记。"崇尚武力，老秦人称霸。改革军制，武灵王做大！"经过胡服骑射之后，赵国迅速崛起，成为战国后期的一匹黑马，一改四处受敌的受气包姿态，接过战国初期魏国四处挥舞的战争大棒，往东揍了燕国，往北打了匈奴，往南蹂躏韩、魏，往西还和秦国几次开战。赵武灵王在晚年甚至萌生灭了秦国的想法。赵武灵王死后，李牧曾依靠这支骑兵在雁门关大破匈奴十万，成为农耕文明对游牧文明的第一次重拳出击。

赵国率先引进了骑兵，也取得了一定的成效，但最终还是被秦灭了。百姓愚昧，不知赵国灭亡的根本原因，以为本国军事力量不如秦国，甚至对骑兵这一新兴兵种并不感冒。秦国在歼灭六国之后，感觉天下一统，再无战事；而匈奴又在蒙恬的第二记重拳出击下遁走七百余里。于是，秦朝没有真正重视骑兵的作用，除备了一部分骑兵外，并没有大规模进行推广。秦国很快就灭亡了。之后，楚汉相争。

彭城之战中，项羽用仅三万骑兵部队大破刘邦的五十万联军，这一次，世人再次见识到了骑兵的威力。不管项羽怎么牛，还是被刘邦灭了。灭了项羽之后，汉朝高层也没有大规模推广骑兵，主要有以下两个原因：

一、大汉初年，经过秦末乱世的洗礼，民生凋敝，借用中学生课本上的一段话：那时候，丞相出行都基本只能用牛车，皇帝出行也找不齐四匹毛色相同的马。经济决定政治，也决定军事，连马匹都配不齐全，还搞什么骑兵呢？

二、白登之围刘邦再次见识到骑兵的威力，自己四十万大军被冒顿这个连爹都杀的禽兽用十万骑兵包围了。这给刘邦带来的阴影绝不亚于彭城之战。白登之围以和平方式化解，也让大汉在一定时间内不用花太多工夫在北疆防御。之后，刘邦平定诸侯王叛乱，刘启平定齐国叛乱，也多半以步兵为主，发展骑兵并无现实意义。这就好比，当拿破仑大帝横扫欧洲大陆的时候，美国小子富尔顿提出要大帝支持发明轮船，被拿破仑一口回绝：我横扫欧洲大陆屡战屡胜，有必要花钱研究这么艘破轮船么？而事实后来证明，当富尔顿首次发明轮船尝试成功后，拿破仑刚刚尝到特拉法加大海战的失败苦果。试想，如果大帝具有将轮船运用于战争的前瞻性，竭力支持富尔顿的发明，那么，法兰西说不定在工业革命的进程上会有质的飞跃，日后也不会是英国开着轮船打开亚洲国家的大门了。

当然，我们绝大多数人都是凡人，不可能对事情具有高度前瞻性。倘若老百姓饭都吃不起了，还有谁热衷搞什么"新兵种"呢？"文景之治"给汉朝积累了非常雄厚的财富，而随后上台的汉武大帝更是千古少有的狠人，他的国号成为我们伟大民族永恒的名字，给了我们民族挺立千年的自信！国恒以弱灭，而汉独以强亡！好了，煽情的话一语带过，继续言归正传。

汉武帝即位之后，国库已经充实，有了大规模发展骑兵的经济条件，而高呼"寇可为，我复可为！寇可往，我亦可往"的大汉天子自然要对匈奴来硬的了。而与匈奴对战，必须有强大的骑兵。汉武帝第一次大手笔就是四路出击，反击匈奴，即我们熟知的李广、公孙敖、公孙贺、卫青四路出击的战役。这也是卫青的成名之战，四路人马中只有他拿了胜绩。虽然这次兵力只有四万，却是真真正正的骑兵。如果同样的配置给步兵，都可以供应十万以上的步兵了。而这一次也是汉朝砸钱发展骑兵正确有效的最好验证。尝到甜头的汉武帝决定全军推广骑兵。后来霍去病参与的"漠北之战"则是汉武帝大规模运用骑兵的巅峰之作。

其时的骑兵只是轻骑兵，是没有马镫的。也就是说，作战时，将士们必须一手拉缰绳，一手拿武器砍人。那种两手握武器，冲入万人军中大杀一通的情况当时无法实现。而当时骑兵们单手使用的武器最得心应手的是环首刀，因找不到可靠的图片资料，也就不详细说明了。马镫的使用是界定轻骑兵和重骑兵的分水岭。有了马镫，使得士兵不拉缰绳也不会摔下来，两只手都解放出来，什么青龙偃月刀啊，什么方天画戟啊，都可以用了。据学界研究，马镫最早应出现在晋朝，而非罗贯中描绘的三国时期，这也是罗先生写小说的一个误区。有人举例哪里出土反映三国内容的壁画，里面有马镫；还有人认为曹操的虎豹骑也是重骑兵的一种，等等。关于此壁画，笔者只能说描绘三国内容的壁画未必就出自三国时期，后人凭吊前人精彩，于是作画，结果掺杂了他们当时已有的东西也未可知。至于虎豹骑等，笔者觉得有些东西目前尚存争议，个体现象能否反映整体情况，仍是一个问题。简单说，马镫或许在晋朝之前就出现，但是否用于军事还没有定论。就像春秋战国时期就有了铁器，可真正让宝剑完成从青铜剑到铁剑的转变还是在汉武帝时期，那我们能否依据春秋战国时期铁器的出现就说当时铁器已经广泛运用于军事？

当然，以上种种日后自会有专家一一给予我们解答，当下先求同存异，以目前主流观点继续讲述。那么重骑兵最早出现在什么时候？翻阅史料，不难发现，重骑兵最早运用在慕容家进中原的廉台之战中。

当时，最早进入中原捣蛋的两胡——匈奴和羯胡，正在魏平帝冉闵的"杀胡令"下，尸横遍野，四处奔逃。他们当初残虐汉人的野蛮行径终于遭到冉闵"以血还血"的血腥报复，羌人头头儿姚弋仲吓得南下江淮寻求东晋政府的庇佑，氐族人蒲洪则躲到了关中。就在这时，慕容家决定挺进中原，来趟一趟这浑水，打着绞杀"种族灭绝者冉闵"的旗号，在中原传播他们慕容鲜卑"和爱、平等、博大、包容"的普世价值观。被誉为"慕容家最能打的"慕容恪却在冉闵面前十战十败。

逼到无可奈何的慕容恪只能拿出秘密武器——重骑兵。冉闵之前率领步兵屡破骑兵，一定程度上让轻骑兵差点进入博物馆。人们纷纷怀疑，骑兵还是那么不可战胜么？这一次的廉台之战，成了重骑兵取代轻骑兵支配战场的首秀。这次大战在骑兵的发展史上具有划时代的意义。

战争结束得很快，慕容恪把五千铁甲骑兵用铁锁相连结成方阵，对着冉闵的步兵就地进行冲锋，一向以步克骑的冉闵哪里见过这阵势？利用步兵克制骑兵百战百胜的冉闵失败了。随即燕王慕容儁将其枭首示众，同时昭告天下："五胡头号恐怖分子"冉闵已经被联合绞杀，中原依旧是我们胡人的天下、胡人的家园，被驱逐的胡人同胞，你们重新自由了！

很快，鲜卑慕容家撕毁了当初入主中原的承诺，不再向东晋政府称臣，并依靠自己的重骑兵，对南边的东晋、西边的前秦进行武力威胁、军事恫吓。至此，东晋官员才看出鲜卑人的真面目："屠各（匈奴）索虏（鲜卑），实为一丘之貉啊！"

后来，前燕虽有重骑兵护佑，但无奈国内腐败，最终为前秦所灭。前秦顺带接受了前燕的重骑兵。再往后，淝水之战中，前秦失败，国家分裂，慕容垂复国，史称"后燕"，不久也炮制出"后燕版"的重骑兵。最后，后燕国在拓跋鲜卑的打击下分裂，拓跋家占据了后燕国绝大多数领土，也顺理成章接手了重骑兵。

　　而南边的刘裕北伐南燕（后燕分裂后的一部分），也趁机收缴了一部分重骑兵。刘裕一看这东西稀罕啊，迅速运用到实战中，大败卢循和徐道覆的起义。再往后，刘裕挺近关中也依靠了这支重骑兵。后来关中失利，这支重骑兵再无去向。尔后，刘宋建国后，当政者对重骑兵都不感冒。檀道济死后，更是缺少会运用这支部队的人才。至此，南朝的重骑兵计划就此搁浅。刘宋亡国后，江南的国力更是江河日下，也缺乏足够的资金来发展重骑兵。至此，南朝彻底放弃发展重骑兵的战略决策。

　　不得不说，六朝结束时，中国已拥有了成熟化的重骑兵——具装骑兵。虽然与欧洲武装到牙齿一样的重骑兵有差别，但重骑兵的两项基本指标——人马披甲、马镫都已完备。而后来鼎盛的大唐王朝更是将重骑兵运用到对北伐游牧民族的征讨中，一举缔造了空前强大的大唐帝国。

附录三

扒一扒历史上震惊后世的九大『谶言』

中国古代的谶言多半预示改朝换代，那些看似浅显的谶言蕴含着巨大的玄机。

1. "亡秦者，胡也"

据说当年秦始皇灭六国后为了长生，曾派方士多次出海探寻长生不老药。可惜这些方士要不是学"大忽悠"徐福一去不复返，要不就是徒劳无功。当然也有例外。一个叫卢生的就给秦始皇从海外带回来一本图册，其中写了这么几个字："亡秦者，胡也。"秦始皇心怀恐惧，认为谶言里的"胡"是指北边的匈奴，于是派蒙恬北戍长城，征发民夫三十万，却匈奴七百余里。

再往后，秦始皇的长子扶苏也被派到北疆，秦始皇自以为破了这个谶言。秦始皇死后，赵高、李斯发动沙丘平台之变，篡改遗诏，扶持秦始皇小儿子胡亥登基。最终，胡亥沉迷酒色，丢了江山。这时，人们才知道，此"胡"指的是胡亥。

2. "刘秀发兵捕不道"

话说西汉末年，阴谋家王莽通过一系列人造谶言上台后，就严抓舆论，十分警惕那些玄乎的谶言。当时恰好流传着这么一句话："刘秀发兵捕不道。"王莽心里一惊，自己篡了刘家江山，不就是谶言说的不道之人吗？而刘秀想必是刘氏宗族。

王莽坐下有个老国师叫刘子俊，亦是刘氏宗族，也看了这则谶言，于是便改名刘秀，拉拢一拨人企图发动政变。刘国师失败，被族灭。谶言却流传到了绿林军中。王莽自以为除了刘秀便高枕无忧。几年后，昆阳大战，起义军以数千人之众，破了王莽五十万官军。这一打听才知道，义军将领便是刘秀，也就是后来的汉光武帝。

3. "代汉者,当涂高也"

看过《三国演义》的人对这则谶言再熟悉不过,袁术就因这则谶言才动了称帝的心思。据他本人解释是:涂,通"途",道路也。我表字公路,正应了这则谶言。当时已经"挟天子以令诸侯"的曹阿瞒分分钟教他做人,打得这个伪帝最后死在一座破屋之中。

后来,曹操晋爵为魏公时,人们才恍然大悟,魏通巍也,巍就是高的意思。果不其然,曹操一死,曹丕就做了皇帝。

4. "汉运当兴,胡运当衰"

五胡乱华,中原汉民十不存一。当时,石赵统治北方,汉人被当成牲口奴役。而暴君石虎又信佛,有一位弃道从佛的汉奸沙门便告诉石虎这句预言,并告诫石虎对付汉人,"当苦役使之"。果然,石虎之后对汉人更是丧心病狂地虐杀。

石虎征伐辽东失败后,听闻南边的晋国桓温仅依靠数千人马便灭掉了成汉一个国家,并在回师荆州后,准备北伐事宜。惊惧之下,石虎在临死前调动大批军队留守南部边界,以防桓温。石虎死后,后赵国内大乱,一个叫冉闵的汉人挥兵将石赵宗室屠戮殆尽。至此,大家才发觉,那个应了谶言的人不是桓温,而是冉闵。

5. "凤皇凤皇止阿房"与"帝出五将久长得"

前秦天王也是个与谶言结下不解渊源的人。当初,他的上位就应了预言中的"东海"二子,而淝水之败也在预言中被提及。当然,这些都是被看穿的预言,不足为奇。笔者接下来说的这两则恰恰就与今天的主题相应。

曾经在阿房宫一带流传着"凤皇凤皇止阿房"这一谶言。苻坚认为凤凰是吉祥的象征，寓意自己江山永固，于是在那一带栽种了不少梧桐树供凤凰栖息。结果凤凰没等来，却等来了他的娈童慕容冲反手屠关中。直到那时苻坚才醒悟，这"凤凰"二字指的就是小名为"凤凰儿"的慕容冲。

后来，苻坚被困长安时，又翻到一本预言书，根据残破的一行字依稀辨认出是"帝出五将久长得"，认为自己突围出去到了五将山就能东山再起。结果刚到五将山，苻坚就被姚苌的叛军活捉。后来，人们推测那原文应该是"帝出五将久苌（姚苌）得"。

6. "黑衣者一统江山"

南北朝后期，东魏、西魏、南梁三分天下。当时也流传着这么一句话："黑衣者一统江山。"谁都想一统江山，这句谶言的出现让三家变得疯狂起来，争相猜测谁是这则谶言中的主角。

先看东边的高家。这句谶言传到那边的时候已经变成"亡高者黑衣"的版本，所以高家被剔除出谶言选中者的行列，只能竭力去避免谶言的应验。北齐开国皇帝认为，普天之下漆最黑，漆通七，预示他的七弟高涣会作乱，结果编了个理由把他杀了。

再看南边的萧家。梁武帝萧衍认为沙门（佛门）是穿黑衣的，自己便舍身入佛寺，开始了"信佛陀，得永生"的求佛生涯。然而，梁武帝的这般行为并没有给他带来一统天下的契机，反而引发了侯景之乱，亡了江山。后来取代梁朝的陈朝开国皇帝陈霸先一生节俭、勤苦，在晚年弄出一些拜佛闹剧，归根到底也是为了让自己贴合谶言中的黑衣人吧。

最后说西边的宇文家。这家人更绝，让士兵百姓全部穿起黑衣，像谶言靠拢。还别说，原本三极中最弱的一极居然在易服运动发起后如同开了外挂一样，收两川，灭北齐，统一了北方。然而，宇文家的统一大业也就到此止步，终其一朝都未能消灭南陈。可见，宇文家也不是预言中的人。

那么，预言中的人究竟是谁？其实，萧衍的思路是对的，黑衣确实是沙门，不过应的不是他萧老头，而是一位早年寄养在寺庙中的大人物——普六茹坚。这位普六茹坚后来有了另一个名字——杨坚，他便是结束南北朝的隋朝开国皇帝隋文帝。

7. "萧萧复又起"与"天子当是季无头"

隋朝，杨广荒淫无道，坊间的谶言也应运而生。最先让杨广听到的是"萧萧复又起"，他认为当初平灭的西梁国末代皇帝萧岿会趁机再起事端，遂全然不顾这位末代皇帝还是自己大舅子（杨广正妻萧皇后是此人之妹），将其幽禁至死。结果哪知道，后来隋末反王中真出了一位西梁宗室，他便是萧铣，曾一度占领了大半个南方，是与李唐王朝划江而治的反王翘楚。

"天子当是季无头"也是隋末流传的谶言。据说，这句话的完整版本是"杨花落，李花稠，天子当是季无头"。这里显然说了一位李（季字去头）姓人将取代杨姓人成为天子，大家曾一度认为说的是李密，毕竟瓦岗寨也曾辉煌一时。可直到李密稀里糊涂被王世充打败后投靠了李渊，大家才意识到这位"李天下"其实是指李渊。

"心中恼恨西魏王，中原鏖兵甚轻狂。瓦岗山上众将散，一统江山归大唐。"

8. "唐三代后，女主武皇代有天下"

相传，李世民曾找过当时的易学大师李淳风卜算国运，除了众所周知的《推背图》外，李淳风还给他留下这么一句预言。起初，李世民看了半天都未曾弄懂这个"女主"究竟是什么意思。直到一次宴会，席间有一个叫李君羡的将军，喝高了就说起自己的小名叫"五娘子"，大家哄堂大笑，都说一个赳赳武夫怎么取了这么一个小名。李世民却被吓醒了一半，想起了这句可怕的预言，"女主"未必指的是女性，"五娘子"说不定才是这"女主"的真实所指，"武皇"不就指的是手握重兵的李君羡吗？随后，李世民立刻派人击杀了这个祸胎。不过，现在大家都知道这个"女主武皇"究竟是何人了。

9. "都点检为天子"

五代后期，后周国力强盛，经过一番东征西讨已显现出一统天下的趋势。后周柴世宗是个心胸狭窄、手段歹毒之人，为防止手下人也学自己不光彩的上位方式，他开始仔细留心，凡是方头大耳、面相有福的将领都被他找出各种理由整死了。

一次偶然的机会，柴世宗北征辽国，无意中捡到一块木牌，上面写着"都点检为天子"。柴荣吓出一身冷汗。原来，当时的都点检叫张永德，是柴荣养父郭威的女婿，也就是柴荣的姐夫。郭威因绝户，所以柴荣以养子的身份继承了帝位。平心而论，养子和女婿亲疏关系都差不多。做了皇帝后，柴荣一直对张永德心生暗恨，又不敢明着除掉。如今出现这么一块木牌，疾病缠身的柴荣生怕日后有什么变数，便借机让手下大将赵匡胤取代了张永德，做了都点检。

做完这些事情，柴荣以为大功告成，可没多久就翘辫子了。他怎么也不会想到，第二年开春，刚做了都点检的赵匡胤便来了一出"黄袍加身，陈桥兵变"的戏码，终结了后周王朝。

附录四

南北朝时期几次战略格局的变化

由于南北朝战火纷飞，战略格局随着一次次的战争而不断变化。笔者在此细数一下南北朝时期的几次战略格局的变化，以便于各位读者把握南北朝形势。

刘宋王朝初期：南强北弱

东晋晚期，刘裕的北伐将山东半岛和中原囊括于版图之中，北方则处于分裂时期，因而刘宋占据了战略格局的绝对优势。文帝时期的元嘉之治积聚了经济实力，还具备强大的军事力量。随着北方拓跋大魏的崛起，南北差距开始缩小。大夏、北凉的相继被灭，宣告刘宋王朝外交政策的失败。刘宋犯了军事上的失误，处死了檀道济。之前又因两次南北战争使得中原和山东半岛北部失守。截至元嘉北伐前，南强北弱的态势逐步缩小。

第一个转折点：元嘉北伐

元嘉北伐，在战术上明显是北方胜利；然而在战略上，胜利却在刘宋。北魏太武帝直捣建康城的计划宣告破产，并在北归途中遭到顽强痛击。双方在此次战役中都有较大的损失。

刘宋王朝中后期：南北持平，南方稍微胜于北方

元嘉北伐失利，宋王朝军事上遭受重大挫折，转攻为守，进入了战略防御阶段。北魏太武帝也因在元嘉之战中实力受损，无法发起又一次大规模战争，双方进入了所谓的"冷战"时期。元嘉之战后，刘宋王朝内斗激化，皇族自相残杀，导致政局走下坡路。与此同时，北魏太武帝则为胡汉的民族矛盾大伤脑筋，重要谋士崔浩便是胡汉矛盾激化下的牺牲品。不久，北魏太武帝被太监宗爱所害，宗爱把持朝政，北方政局同样遭遇动荡。

宋齐之交至南齐前期：南北持平，北方优势开始呈现

刘宋王朝内部皇室倾轧严重，外戚兼权臣萧道成趁机开始掌握政权，并改朝换代。但刘宋晚期混乱的政治导致元嘉之治积累下的国力被消耗殆尽。南齐建国初期，为恢复国力，采取防守型的政策，通过小打小闹维持危局。此时，北方孝文帝改革开始，鲜卑政权开始全盘封建化，均田制的实行使得北方国力迅速恢复起来。北方开始获取战略主动。

第二个转折点：孝文帝及其子的南征

孝文帝父子两代的南征，攻取了江北淮南大片地区。孝文帝改革取得丰富的成果，北方取得了战略主动，开始频繁地进攻南方。南齐中后期的皇室倾轧使得江南只能勉强支撑危局。

齐中后期至南梁初期：北强南弱

齐中后期政局再次混乱。此时北方在孝文帝改革后国力大增，力量明显增强。南方开始进入全面防御，一直持续到梁朝初期。

梁武帝前中期：南北持平，北方保持微弱优势

集才子、军事家、政治家、哲学家、皇帝于一身的萧衍励精图治，使南方的国力迅速得到恢复。而此时，北魏进入了胡太后乱政时期，开始走下坡路。南方开始不断收复失地，军事政策由守转攻。

第三个转折点：钟离之战与陈庆之北伐

胡太后乱政导致北魏后期政局异常混乱。南梁在钟离之战中，一代名将韦睿转守为攻，调动周围部队与北魏进行大规模会战，全歼北魏十万王牌部

队,取得全面胜利。中山王元英嫡系部队损失殆尽,自此,北魏再无力发动大规模进攻。与此同时,北方尔朱部兴起,各地有实力者拥兵自重,北魏开始陷入藩镇割据局面。南梁派了那位神话般的将领白袍陈庆之护送北魏皇族去坐镇北方。之后,这位神话般的人物展开了神话般的战争,虽然北伐最终失败,但北魏已经是个空架子了。需要说的是,北方不再是蛮夷之地,得益于孝文帝改革后的封建化,北方已经确定了文化上的正统,这显然为日后隋文帝一统南北奠定了文化基础。

南梁侯景之乱前：南强北弱

由于两次战役的胜利,加之"五十年中,江表无事"的格局,南梁的国力明显增强。反观北魏,此时正在内战的泥沼中无法自拔。南强北弱格局再次形成。陈庆之北伐后,萧衍开始痴迷佛学。江南错过了又一次也是最后一次可以一统天下的契机。

第四个转折点：侯景之乱

动乱的起因就不多占笔墨了。这时期政治格局由南北对峙变为三足鼎立。侯景之乱对江南的破坏是毁灭性的,就好比唐朝的安史之乱,一下子把所谓的太平盛世撕得粉碎。即使到隋文帝一统南北,南陈三十三年的努力也未能将江南人口恢复到大乱前水平。

侯景之乱后,南陈建立前：南梁、东魏、西魏并立,东魏国力最强,西魏立国不稳,南梁日薄西山。

这一时期,在南方,萧家各个王爷一边忙着平灭侯景之乱,一边争抢皇位。最终,独眼龙萧绎成了最终胜利者,他将京城迁到江陵,派王僧辩、陈霸先守江南,为后来他的惨景埋下了伏笔。经过这场大乱,南梁无力北进中原与两强争霸了。在北方，高欢接管了尔朱荣的强大实力，控制了关东广阔的地方。西魏宇文泰固守关中，采取防御性的军事政策。

第五个转折点：（北方）玉璧之战、（南方）金陵保卫战、江陵攻陷战

为一统北方，高欢对西魏发动了玉璧之战。西魏坚壁清野，最终，高欢不得不撤军。这次失利后，东西魏国力持平，东魏丧失了对西魏的绝对优势。此后，高欢、高澄相继去世，高洋篡权称帝，建立北齐。如果想重新获得战略主权，宰割天下，那在对阵南梁的战役中要取得绝对胜利。但在建康城外，以陈霸先为首的江南将才拼死作战，以惨痛的代价取得了江陵保卫战的胜利，自此北齐丧失了对南梁的优势。在与西魏、南梁的交战中，北齐均失利，自此彻底丧失霸主地位。在此之前，西魏偷袭江陵，杀萧绎，扶持傀儡政权西梁，开始取代北齐成为新的霸主。

南陈初期：三国持平，西魏（北周）开始出现优势

江陵攻陷战之后，四川等地沦陷，南北均势被打破，取得川蜀的西魏开始做大。随后，宇文泰去世，西魏、北周更替。宇文护弄权，北周在该期间忙于内政，并没有扩大战果。南陈也开始着眼恢复国力。北齐则在高洋死后上演了血腥的宫廷政变。

南陈中后期：北齐衰败，北周一统北方

在宇文护倒台后，宇文邕开始实行全面汉化政策。在国力提升后，开始对北齐的征讨。北齐则在皇室内斗后国力大衰。南陈吴明彻则乘机进行了小北伐，尽取淮南江北之地。之所以说是"小北伐"，是因为动员的兵力和战果的固守并没有如之前一般，考虑到南陈国力和内部的倾轧，做到这样已着实不易。随着北齐灭亡，北方一统南北已是大势所趋，南陈的灭亡只是时间

问题了。

最后一战：后庭遗曲

如同曹操未能想到自己努力了一辈子却被司马家捡了便宜一般，北周宇文家也未能料到，最后完成一统天下大业的会是当时还是外戚的杨坚。公元591年，隋朝建立；584年，灭傀儡政权西梁；589年，灭南陈，一统天下。南北朝的历史到此结束。在杨坚统一过程中，还有很强的遗留势力未被铲除，这也是隋末天下大乱的诱因之一。

最后，以杜牧那句诗文作结："商女不知亡国恨，隔江犹唱后庭花。"